콩나물쌤의 문해력 꽉 잡는

한자어 수업

3
사람

그린애플

콩나물쌤의 문해력 꽉 잡는
한자어 수업 3(사람)

초판 1쇄 발행 2022년 12월 12일
초판 6쇄 발행 2024년 1월 24일

지은이 전병규
감수 김아미
펴낸이 이범상
펴낸곳 (주)비전비엔피 · 그린애플

기획 편집 차재호 김승희 김혜경 한윤지 박성아 신은정
디자인 김혜림 최원영 이민선
마케팅 이성호 이병준 문세희
전자책 김성화 김희정 안상희 김낙기
관리 이다정

주소 우) 04034 서울특별시 마포구 잔다리로7길 12 (서교동)
전화 02) 338-2411 | **팩스** 02) 338-2413
홈페이지 www.visionbp.co.kr
인스타그램 https://www.instagram.com/greenapple_vision
포스트 post.naver.com/visioncorea
이메일 gapple@visionbp.co.kr

등록번호 제2021-000029호

ISBN 979-11-92527-16-1 64700
　　　　979-11-92527-12-3 (세트)

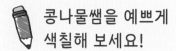 콩나물쌤을 예쁘게
색칠해 보세요!

저는 여러분의
문해력과 사고력이 콩나물처럼
쑥쑥 자라도록 도와주는 콩나물쌤이에요!

추천사

우리말에는 한자어가 많고, 교과서 속 어려운 개념어도 대부분 한자어입니다. 그렇기 때문에 문해력을 높이기 위해서는 한자를 아는 것이 매우 중요합니다. 한자 지식이 있으면 낱말의 뜻을 정확히 이해할 수 있고 학업에도 큰 도움이 됩니다. 그런데 한자 공부는 아이들에게 어렵고 외워야 하는 게 많아 부담스럽습니다. 이 책은 암기의 부담 없이 한자어를 익히면서 추론력, 어휘력, 탐구력까지 덤으로 키우는 구체적인 방법을 담고 있습니다. 문장 표현을 통해 자연스럽게 한자의 뜻을 짐작하고, 실제로 사용하면서 쉽고 재미있게 한자를 익히도록 구성되어 있습니다. 이 책을 통해 꾸준히 한자어를 익히면 모르는 단어를 만나더라도 그 의미를 유추하는 힘을 키울 수 있을 것입니다. 한자 교육의 필요성을 알지만 어떻게 이끌어 줘야 할지 막막한 부모라면 아이에게 이 책을 주세요. 문해력 전문가 전병규 선생님이 알려 주는 노하우를 따라가다 보면 확실히 문해력을 키울 수 있을 것입니다.

오뚝이샘 윤지영(초등학교 교사, 《엄마의 말 연습》 저자)

저는 어린 시절 다져 놓은 어휘력의 덕을 많이 본 학생이었습니다. 어릴 때 아버지께서 신문 읽기와 한자 공부를 강조하셨던 덕분인데요. 한자를 모두 외워 쓰지는 못했지만, 단어를 보고 이게 어떤 한자어로 조합된 단어인지, 단어의 정확한 의미가 무엇인지 쉽게 파악하고 추론할 수 있었습니다. 이는 국어, 사회 등을 비롯해 모든 과목의 학습에 커다란 무기가 되었습니다. 아직도 한자 공부는 한자 자체를 외워 쓰는 것이라 생각하는 사람이 많은데 이제는 인터넷과 사전이 발달되어 있기에 굳이 아이들이 한자를 모두 외워서 쓸 필요가 없습니다. 그보다는 한자어를 보고 그 의미를 파악하는 역량이 중요합니다. 그 역량은 아이들이 책을 읽을 때도, 학습할 때도 아주 큰 힘이 되어 줄 것입니다. 그런 점에서 이 책은 아이들이 한자어 학습을 쉽게, 동시에 '본질적인' 목적에 맞게 해나갈 수 있도록 도와주고 있습니다. 더불어 그 누구보다 아이들의 문해력과 어휘력 향상에 진심인 콩나물쌤과 함께 우리 학생들이 학습의 본질에 한 걸음 더 다가설 수 있길 바랍니다.

조승우(스몰빅클래스 대표)

영어를 가르치는 사람이지만 대학 때 국어교육도 같이 전공했습니다. 당시 한국 사람이기 때문에 국어가 더 쉬울 거라는 생각이 있었는데, 그것이 얼마나 편협한 생각인지 깨닫는 데는 한 달도 걸리지 않았습니다. 우리말 속의 한자어를 잘 몰랐기에, 열심히 글을 읽고도 내용이 이해가 되지 않아 많은 시간을 고생했기 때문입니다. 만약 내가 초등학교, 중학교 때 한자어로 된 어휘를 틈틈이 익혀 왔다면 그 힘든 시간을 좀 더 효율적으로 보내지 않았을까 하고 생각한 적도 있었습니다. 한국에서 살아가는 우리에게 한자어는 비단 공부와 관련된 것만은 아닙니다. 생활 속 어휘의 60% 이상은 한자어로 이루어져 있기에 결국 한자 문해력을 키우는 것은 생활의 질을 향상시키는 것이 됩니다. 똑같은 1시간을 공부하고 일해도 남들보다 3~4배 효율을 얻을 수 있다면 어떨까요? 이 책을 통해 매일매일 한자어의 의미를 추론해 보고, 글쓰기나 말할 때 한자어를 활용해 보면서, 자신의 삶을 더욱 풍성하게 만들어 보길 바랍니다.

혼공쌤 허준석(유튜브 혼공TV 운영자)

문해력을 키우는 힘

현대는 정보화 사회입니다. 세상에 존재하는 모든 것이 정보가 되며 세상 모든 곳에 정보가 있지요. 우리는 아침에 눈을 뜨는 순간부터 밤에 잠이 들 때까지 숱한 정보를 접하게 됩니다. 활용할 수 있는 정보가 이토록 넘치지만 모두가 정보를 잘 활용하는 것은 아닙니다. 정보를 읽고 이해해 나에게 필요하고 유용한가를 가려내려면 문해력이 있어야 합니다. 문해력이 부족하면 정보화 사회에 살면서도 정보를 제대로 사용할 수 없습니다. 결국 현대 사회에서 성공적으로 살아가기 힘들어요. 문해력은 21세기를 살아가는 우리 아이들이 반드시 갖추어야 할 능력입니다.

문해력은 성인이 되었을 때나 필요한 능력이 아닙니다. 문해력은 글을 읽고 이해하는 능력인 만큼 학생들에게 중요하고, 문해력에 따라 성적도 달라질 수 있습니다. 문해력은 이해력입니다. 문해력이 높은 아이들은 무엇이든지 잘 배우는 반면 낮은 아이들은 새로운 것을 잘 배우지 못합니다. 똑같은 내용을 똑같은 시간에 똑같은 선생님에게 똑같은 방법으로 배워도 아이마다 배움의 차이가 나는 이유이지요. 문해력은 공부의 도구 같은 겁니다. 날이 무뎌진 도끼로 나무를 벨 수 없듯 무딘 문해력으로는 공부를 잘 해낼 수 없습니다. 그러니 아이의 공부가 신경 쓰인다면 문해력부터 높여야 합니다.

문해력에 가장 큰 영향을 미치는 것은 어휘력입니다. 글은 어휘와 어휘가 연결되어 이루어지기 때문이에요. 모르는 어휘의 개수가 늘어나면 늘어날수록 글을 이해하기가 어렵습니다. 반대로 어휘를 많이 안다면 매우 유리하지요. 다행히 어휘의 중요성은 알지만 안타깝게도 올바른 어휘 학습법은 잘 모르는 경우가 많습니다. 대부분의 어른들이 잘못된 어휘 학습법을 아이에게 가르치고 있어요. 심지어 교육 전문가라고 이름난 분들 중에서도 잘못된 어휘 학습법을 소개하는 경우가 있어요. 그만큼 어휘를 학습하는 올바른 방법에 대한 이해가 부족한 것이 현실입니다.

흔히 쓰는 잘못된 어휘 학습법은 바로 어휘를 사전에 나온 정의대로 외우는 겁니다. 예를 들어 '협약'이라는 단어를 '협상에 의하여 조약을 맺음'이라고 사전에 나온 정의 그대로 외우는 식입니다. 이처럼 정의를 암기하면 어휘에 대한 이해가 전혀 생기지 않습니다. 어휘를 암기해서는 문해력이 늘지 않는 거예요. 어휘의 의미를 제대로 이해한 후 사용해야 진짜 어휘력과 문해력이 늘어납니다. 어휘의 의미를 제대로 이해하려면 먼저 한자를 알아야 해요. 우리말 어휘 중 무려 60%가 한자어이기 때문입니다. 이는 한자를 알면 전체 단어의 3분의 2가량을 쉽게 이해할 수 있다는 뜻입니다. 문해력에서 중요한 어휘의 3분의 2를 한자를 통해 학습할 수 있으니 한자어 학습은 문해력을 높이는 핵심이라고 해도 과언이 아니에요.

이 책은 문해력 전문가인 제가 저희 집 아이들을 가르치기 위해 정리한 내용으로 만들었습니다. 기존의 한자어 교재를 사용하려니 아쉬운 점이 있었기 때문입니다. 시중에 나와 있는 한자 교재는 크게 두 유형으로 나뉩니다. 한자에 초점이 맞춰진 경우와 어휘에 초점이 맞춰진 경우예요. 첫 번째 유형의 경우, 한자 자격증 취득에는 도움이 되겠지만 문해력 발달을 기대하기에는 무리가 있었습니다. 두 번째 유형의 경우 어휘 학습에 초점을 맞추고는 있지만 어휘의 실제적 학습과 사용을 위해 꼭 필요한 요소들이 빠져 있었습니다. 어휘력 발달에 나름 효과가 있겠지만 최고의 효과를 내기에는 아쉬워 보였어요.

그래서 이 책을 쓰게 되었습니다. 이 책은 기존 한자어 교재의 두 가지 문제점을 보완했습니다. 우선 한자 자체보다 어휘력에 초점을 맞추었습니다. 한자를 익히는 것이 아닌 문해력을 키우는 것이 목적이니까요. 또 어휘를 깊고 제대로 이해할 수 있도록 최신 어휘 교육 이론을 따랐습니다. 여기에 초등학교에서 20년간 아이들을 가르치며 이론을 실제로 적용해 본 경험을 고스란히 녹였습니다. 이 책이 어떤 점에서 특별한지, 실제로 어떻게 사용해야 하는지는 바로 다음 내용에 자세히 담았습니다. 교육적 효과를 극대화하기 위해서는 어휘 학습의 원리와 이 책의 활용법을 이해하는 것이 정말 중요합니다. 그러니 다음 내용도 꼭 정독해 주세요.

이 책의 시리즈를 꾸준히 학습하면 다음과 같은 효과를 볼 수 있어요.

✔ 다양한 어휘를 알게 됩니다.
✔ 단어의 뜻을 깊이 이해하게 됩니다.
✔ 모르는 단어의 뜻을 스스로 유추하게 됩니다.
✔ 실제 문장에서 단어를 사용할 수 있게 됩니다.

이 책의 시리즈를 공부하고 나면 어휘를 학습하는 힘이 길러집니다. 이는 단순히 어휘를 몇 개 배우는 것보다 훨씬 중요한 일입니다. 앞으로 수업, 책, TV, 유튜브에서 새로운 단어를 만날 때마다 쉽게 익힐 수 있게 되니까요. 어휘를 습득할 수 있는 힘을 갖추고 나면 수업도 독서도 훨씬 쉬워지고 재미있어질 겁니다. 들으면 이해가 되니까 성적도 자연스럽게 오를 거고요.《콩나물쌤의 문해력 꽉 잡는 한자어 수업》시리즈를 통해 여러분 자녀의 문해력을 쑥쑥 키워 주시기 바랍니다.

★〈콩나물쌤의 문해력 꽉 잡는 한자어 수업〉은 책마다 주제가 달라요.
3권의 주제는 '사람'입니다. 3권에서는 사람과 관련된 한자가 나옵니다. 생, 로, 병, 사와 같은 사람으로서 거쳐야 할 인생 과정과 구, 면, 수, 족과 같은 신체 등이 있지요. 그리고 이 한자에서 파생한 한자어를 배우게 됩니다. 3권을 공부하고 나면 사람과 관련된 많은 한자와 한자어를 익힐 수 있을 겁니다.

어휘력을 키우는
어휘 학습 원리와 이 책의 활용법

콩나물쌤의 강의를 먼저 듣고 공부를 시작하면 이해가 쏙쏙!

QR 코드를 스캔하면 강의 영상을 볼 수 있어요.

어휘력을 높이기 위해서는 먼저 어떻게 어휘를 학습하느냐가 중요합니다. 잘못된 방법으로 학습하면 힘만 들 뿐 실력은 크게 늘지 않습니다. 지금부터 효과를 극대화할 수 있는 올바른 한자어 학습 방법을 알려드릴게요. 그리고 이것이 이 책의 구성과 어떻게 연결되어 있는지도 소개하겠습니다. 이 부분을 잘 읽고 학습할 때 적용해 보세요.

어휘 학습 원리 1단계: 어휘를 짐작해 보세요!

새로운 어휘를 처음 만나면 우선 그 뜻을 짐작해 보는 것이 중요해요. 성인은 평균 약 2~3만 개의 어휘를 아는데 이 중 학습을 통해서 알게 되는 어휘는 20% 내외라고 합니다. 대부분의 어휘가 생활 속에서 우연히 알게 돼요. 대화를 하다가 방송을 보다가 책을 읽다가 알게 되지요. 그런데 이럴 때마다 사전을 찾을 수는 없겠지요. 귀찮기도 하고 대화의 흐름이 끊기기 때문이에요. 그래서 모르는 단어를 만나면 먼저 추측을 해야 해요. 무슨 뜻인지 짐작해 보는 겁니다. 그렇게 해야 흐름을 깨지 않고 계속해서 새로운 단어를 배울 수 있습니다. 이 원리에 따라서 다음처럼 첫 번째 페이지를 학습하세요.

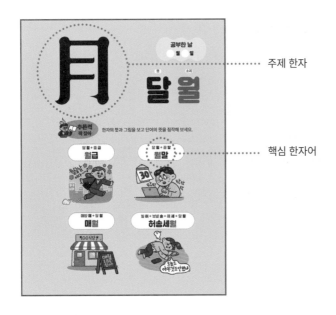

주제 한자

핵심 한자어

첫 페이지에는 우선 주제 한자가 제시됩니다. 오늘은 달 월(月)을 배울 차례군요. 달 월을 세 번 정도 소리 내어 읽어 보세요. 한자는 써 보아도 좋지만 쓰지 않아도 무방합니다. 한자를 배우려는 게 아니니까요. 그 아래 달 월을 사용한 한자어 4개가 나옵니다. 이곳을 학습할 때가 정말 중요합니다. 많은 아이들이 대충 읽고 빨리 넘어가려 할 텐데 그래서는 곤란합니다. 여기서는 한자어를 이루는 한자의 뜻에 주목해야 합니다. '월말'을 볼까요? 월말은 '달 월 + 끝 말'로 이루어져 있어요. 이것을 보고 월말이 무슨 뜻일지 짐작해 봅니다. '한 달의 끝' 정도로 짐작할 수 있겠지요.

짐작이 맞고 틀리는 건 크게 중요하지 않아요. 짐작하면서 뜻을 생각해 보는 경험이 중요해요. 이 책 한 권에는 30개의 주제 한자와 120개의 핵심 한자어가 나와요. 이 120개의 핵심 한자어의 뜻을 짐작하다 보면 아이는 많은 것을 얻게 됩니다. 우선 한자어를 더 잘 이해하게 되지요 '월말'의 정의를 그냥 읽었을 때보다 뜻을 짐작해 본 후 읽으면 더 깊게 이해하게 됩니다. 뜻을 짐작하다 보면 달 월뿐 아니라 끝 말도 익히게 되지요. 마지막으로 단어의 뜻을 유추하는 힘이 커져요. 사실 이것이 가장 중요합니다. 이 책에서 120개, 이 책의 시리즈를 통해 수백 개의 한자어 뜻을 꾸준히 짐작해 보세요. 한자어가 구성되는 원리와 뜻을 짐작하는 방법을 익히게 됩니다. 그러면 앞으로 만나게 될 수천, 수만 개의 새로운 어휘를 학습하는 데 큰 힘이 될 거예요.

어휘에는 숨겨진 면이 많아서 정의만 봐서는 제대로 이해할 수 없습니다. 홀로 있는 단어의 정의만 따로 외워서는 배워도 배운 게 아닙니다. 문장과 떨어져 혼자 있는 단어는 생명력이 없어요. 단어는 반드시 문장 속에서 익혀야 해요. 다시 말해 어휘가 사용된 표현을 자세히 살펴봐야 한다는 뜻입니다. 문장 속에 자연스럽게 녹아든 어휘를 보면서 실제로 어떤 뜻으로 쓰였는지 생각해 보세요.

두 번째 페이지에서는 앞에서 짐작해 본 4개의 단어에 대해 조금 더 자세히 살펴봅니다. 우선 뜻이 나와 있습니다. 스스로 짐작한 뜻과 책에서 제시한 뜻을 비교해 보세요. 달 월, 끝 말이라는 두 한자가 만나 월말이라는 한자어가 되었을 때 어떤 뜻이 되는지 생각해 봅니다. 단지 뜻을 확인하는 게 중요한 것이 아니라 어떻게 이런 뜻이 되는지 이해하려고 생각해 보는 게 중요합니다. 바로 아래에는 단어가 사용된 표현이 2개씩 나옵니다. 이 예문을 소리 내어 읽어 보세요. 단어가 실제로 어떻게 사용되는지 느껴 봅니다.

🖊️ 어휘 학습 원리 3단계: 어휘를 사용해 보세요!

어휘를 짐작하고 문장 속에서 이해했다면 다음으로 직접 사용해 보아야 합니다. 단어가 사용된 문장을 보는 것을 넘어 내가 직접 말하거나 쓰면서 사용하는 겁니다. 직접 단어를 사용해 보면 단어가 더 잘 기억납니다. 똑같은 말이라도 다른 사람이 한 말보다 내가 한 말을 더 잘 기억하기 때문입니다. 또 단어 사용이 좀 더 정확해집니다. 외국인이나 아이들은 단어를 좀 이상하게 사용하는 경우가 많아요. 단어는 알지만 실제로 어떻게 사용해야 하는지 잘 모르기 때문입니다. 이런 문제를 개선하려면 단어를 많이 사용하면서 틀리고 수정하는 과정을 거쳐야 합니다. 일단 사용하고 틀린 후 고쳐 나가야 하니 틀리는 것에 민감하면 안 됩니다.

세 번째 페이지에서는 글쓰기를 합니다. 앞에서 배운 4개의 단어를 이용해 나만의 글쓰기를 해 보세요. 아이들의 수준을 고려해 문장의 일부를 제시하고 이어 쓰도록 하였습니다. 우선은 빈칸을 채워 봅니다. 혹시 가능하다면 완전히 새로운 문장을 써 보세요. 제시한 글쓰기 아래에 한 줄 정도 공간이 있으니 여기에 써 보면 됩니다. 다시 강조하지만 틀리는 건 좋은 일입니다. 실수하고 틀리면서 배우니까요. 아이가 틀렸을 때 틀렸다고 혼내지 말고 '잘못된 방식을 하나 발견했구나' 하고 생각하세요. 부드러운 분위기에서 웃으면서 올바른 방식을 알려 주세요.

어휘 학습 원리 4단계: 어휘에 관심을 가져 보세요!

어휘력이 풍부한 사람은 예외 없이 단어에 관심이 많아요. 생소한 단어를 만나면 찾아보고 그 활용에 대해 생각해 보지요. 풍부한 어휘력을 갖추려면 평소 어휘에 관심을 갖는 것이 중요합니다. 말놀이처럼 재미있는 방식으로 아이가 어휘에 관심을 가지도록 해 보세요. 또 유사한 어휘를 구분해 보는 것도 좋아요.

네 번째 페이지의 시작은 '창의력 꽉 잡아'입니다. 여기서는 핵심 한자어를 2개 이상 사용하여 한 문장으로 글을 씁니다. 달 월에서 배운 주제 단어는 월급, 월말, 매월, 허송세월입니다. 이 중 2개를 한 문장 안에서 사용하는 거예요. '창의력 꽉 잡아'는 말놀이와 글쓰기를 결합한 활동이에요. 어휘를 재미있게 사용하면서 어휘력과 어휘에 대한 관심을 동시에 높여 줍니다. 두 단어를 한 문장 안에서 연결해 사용하라는 제한이 아이의 창의력을 높여 주지요.

'탐구력 꽉 잡아'에서는 배우지 않은 새로운 단어를 탐색해 봅니다. 이번 주제 한자는 月(달월)이잖아요? 그래서 달 월이 들어간 단어 2개, 달 월이 아닌 다른 뜻의 '월'이 들어간 단어 2개, 그리고 빈칸 4개를 제시했어요. 우선 제시된 4개의 단어에서 달 월이 사용된 단어와 그렇지 않은 단어를 구분해 보세요. 이를 통해 '월'이라고 해서 모두 '달 월'의 뜻으로 쓰인 게 아니라 또 다른 뜻의 월이 있다는 걸 알게 됩니다. 이후에는 월이 들어간 4개의 새로운 단어를 찾아보세요. 사전을 찾아볼 수도 있고 가족과 함께 찾아보아도 좋아요. 책을 읽거나 길을 걷다가 간판에서 찾게 될 수도 있지요. 모두 제시하지 않고 빈칸으로 남겨둔 것은 단어에 관심을 갖도록 하기 위해서입니다. 일상생활에서 이렇게 단어를 찾다 보면 '단어 의식word consciousness'이 높아져요. 단어 의식이 높아지면 어휘를 학습하지 않는 일상의 모든 순간에도 어휘력이 계속해서 성장할 수 있습니다.

차례

1주차

生

뜻 소리
날 생

추론력 꽉 잡아

한자의 뜻과 그림을 보고 단어의 뜻을 짐작해 보세요.

날 생 + 날 일
생일

★ 날 생 + 물건 물
생물

우리는 바다생물

날 생 + 어머니 모
생모

볼 견 + 물건 물 + 날 생 + 마음 심
견물생심

★ 날 생(生)은 '살다'라는 뜻으로도 사용됩니다.

 어휘력 꽉 잡아

날 생(生)이 숨어 있는 단어를 알아봅시다.

생일
날 생 + 날 일

 뜻

태어난 날

표현1 내일은 내 생일이다.

표현2 생일에는 케이크를 먹고 싶다.

생물
날 생 + 물건 물

 뜻

살아 있는 모든 물건
동식물처럼 살아 있는 무언가

표현1 생물들은 살려고 경쟁을 한다.

표현2 환경에 적응하지 못한 생물은 사라진다.

 날 생(生)의 '날'은 '태어나다'는 뜻이고
날 일(日)의 '날'은 '하루'라는 뜻입니다.

 생물에서 생(生)은
'살다'라는 뜻으로 쓰였습니다.

생모
날 생 + 어머니 모

 뜻

자기를 낳아 준 친어머니

표현1 낳아 준 어머니는 생모라 하고, 길러 준 어머니는 양모라 한다.

표현2 전쟁 중에 생모와 이별을 했다.

견물생심
볼 견 + 물건 물 + 날 생 + 마음 심

 뜻

물건을 보면 욕심이 생긴다.

표현1 견물생심이라고 새 옷을 보니 사고 싶구나.

표현2 물건을 잘 진열하는 이유는 견물생심을 유도하기 위해서야.

날 생(生)을 넣어 한 문장 글쓰기를 해 보세요.

생일 태어난 날

내 생일은

생물 동식물처럼 살아 있는 무언가

환경 파괴로

생모 자기를 낳아 준 친어머니

그녀의 생모는

견물생심 물건을 보면 욕심이 생긴다.

견물생심이라고

창의력 꽉 잡아

날 생(生)이 들어간 단어를 2개 이상 사용하여 문장을 써 보세요.

예시

생모는 아이의 생일날 그만 돌아가셨다.

탐구력 꽉 잡아

1. 단어에 '생'이 들어간 경우를 책 혹은 주변에서 찾아 빈칸에 써 보세요.
2. 날 생(生)이 사용된 단어에는 ○, 아니면 X를 표시해 보세요.

일생
(한평생)

몽 생 미셸
(프랑스 수도원)

생년
(태어난 해)
생폴드방스
(프랑스의 마을)

프랑스어에서 '생' 발음은 saint로 성스러운 사람을 뜻합니다.
몽 생 미셸은 바위섬 위에 지어진 1300년 역사가 담긴 수도원입니다.

命

뜻 소리
목숨 명

추론력 꽉 잡아

한자의 뜻과 그림을 보고 단어의 뜻을 짐작해 보세요.

날 생 + 목숨 명
생명

목숨 수 + 목숨 명
수명

옮길 운 + 목숨 명
운명

사람 인 + 목숨 명 + 있을 재 + 하늘 천
인명재천

목숨 명(命)이 숨어 있는 단어를 알아봅시다.

생명

날 생 + 목숨 명

 뜻

살아 있을 때 가지는 목숨
살아서 숨 쉬고 활동하게 하는 힘

표현 1 생명은 누구에게나 소중하다.

표현 2 동물의 생명을 빼앗아서는 안 돼.

수명

목숨 수 + 목숨 명

 뜻

목숨을 가지고 살아 있는 기간

표현 1 사람의 수명은 대략 80년이다.

표현 2 배터리 수명이 다 되었다.

운명

옮길 운 + 목숨 명

 뜻

사람이 태어나서 죽을 때까지
정해져 있는 삶의 길

표현 1 이렇게 된 이상 운명으로 받아들일
수밖에 없다.

표현 2 늙고 죽는 것은 사람의 운명이다.

인명재천

사람 인 + 목숨 명 + 있을 재 + 하늘 천

 뜻

사람의 목숨은 하늘이 정함에 있다.

표현 1 인명재천이니 무사히 돌아오길 바랄
수밖에 없다.

표현 2 인명은 재천이라 했는데 어찌될지
알 수 없구나.

 '운명'이라는 단어에서 '운'은 옮길 운(運)으로,
노력으로 삶의 길을 바꿀 수 있다는 뜻입니다.

 **글쓰기 꽉 잡아** 목숨 명(命)을 넣어 한 문장 글쓰기를 해 보세요.

생명 살아서 숨 쉬고 활동하게 하는 힘

내게 생명이 있는 한

수명 목숨을 가지고 살아 있는 기간

담배를 피우면

운명 사람이 태어나서 죽을 때까지 정해져 있는 삶의 길

내 운명은

인명재천 사람의 목숨은 하늘이 정함에 있다.

인명재천이라 했지만

창의력 꽉 잡아

목숨 명(命)이 들어간 단어를 2개 이상 사용하여 문장을 써 보세요.

예시

모든 생명은 자신의 운명을 노력으로 변화시켜 나갈 수 있다.

_____

탐구력 꽉 잡아

1. 단어에 '명'이 들어간 경우를 책 혹은 주변에서 찾아 빈칸에 써 보세요.
2. 목숨 명(命)이 사용된 단어에는 ○, 아니면 X를 표시해 보세요.

하명
(명령을 내리다)

명작
(이름난 훌륭한 작품)

명예
(세상에서 인정받는 자랑)

어명
(임금의 명령)

'잘 알려진'과 관련된 단어를 골라내 보세요.

老

뜻   소리
늙을 로

추론력 꽉 잡아

한자의 뜻과 그림을 보고 단어의 뜻을 짐작해 보세요.

늙을 로 + 사람 인
노인

늙을 로 + 해 년
노년

늙을 로 + 젊을 소
노소

날 생 + 늙을 로 + 병 병 + 죽을 사
생로병사

★ 늙을 로(老)는 '노'로 소리나는 경우가 더 많습니다.

 늙을 로(老)가 숨어 있는 단어를 알아봅시다.

노인
늙을 로 + 사람 인

뜻

늙은 사람

표현1 소년은 늙어 노인이 되었다.

표현2 노인은 힘겹게 걸어가고 있었다.

노년
늙을 로 + 해 년

뜻

나이가 들어 늙은 때
늙은 나이

표현1 노년에는 시골에서 살고 싶다.

표현2 노년이 되면 쓸쓸한 마음이 커진다.

 노인과 유사한 말로 '늙은이'가 있고 반대
말은 '젊은이'예요.

노소
늙을 로 + 젊을 소

뜻

늙은이와 젊은이

표현1 노소에 상관없이 사람은 누구나 행복하고 싶어 한다.

표현2 박물관은 노소에 관계없이 무료다.

생로병사
날 생 + 늙을 로 + 병 병 + 죽을 사

뜻

태어나고 늙고 병들고
죽는 네 가지 고통

표현1 생로병사는 모든 사람이 겪을 수밖에 없는 일이다.

표현2 생로병사의 비밀이 점점 밝혀지고 있다.

늙을 로(老)를 넣어 한 문장 글쓰기를 해 보세요.

노인 _{늙은 사람}

백발이 성성한 노인이

노년 _{늙은 나이}

할머니는 노년에도

노소 _{늙은이와 젊은이}

노소 구분 없이

생로병사 _{태어나고 늙고 병들고 죽는 네 가지 고통}

생로병사는 피할 수 없지만

창의력 꽉 잡아 늙을 로(老)가 들어간 단어를 2개 이상 사용하여 문장을 써 보세요.

예시

노인은 노년에 더욱 활기가 넘쳤다.

_____

탐구력 꽉 잡아

1. 단어에 '로'가 들어간 경우를 책 혹은 주변에서 찾아 빈칸에 써 보세요.
2. 늙을 로(老)가 사용된 단어에는 ○, 아니면 X를 표시해 보세요.

노모
(늙은 어머니)

노역
(매우 수고로운 노동)

연로
(나이가 많음)

노동
(몸을 움직여 일함)

'일'과 관련된 단어를 골라내 보세요.

病

뜻 소리
병 병

추론력 꽉 잡아

한자의 뜻과 그림을 보고 단어의 뜻을 짐작해 보세요.

병 병 + 이름 명
병명

병 병 + 사람 자
병자

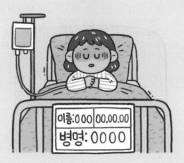

이름 : ○○○ ○○.○○.○○
병명 : ○○○○

불 화 + 병 병
화병

없을 무 + 병 병 + 길 장 + 목숨 수
무병장수

어휘력 꽉 잡아 병 병(病)이 숨어 있는 단어를 알아봅시다.

병명
병 병 + 이름 명

뜻

병의 이름

표현1 할아버지의 병명은 폐암이었다.

표현2 아직은 병명을 알 수 없습니다.

병자
병 병 + 사람 자

뜻

병이 들어 아픈 사람

표현1 병원에는 병자들이 가득했다.

표현2 그는 온 힘을 다해 병자들을 도왔다.

화병
불 화 + 병 병

뜻

마음에 화가 쌓여서 생긴 병

표현1 화병이 나서 가슴이 답답하다.

표현2 할머니는 화병이 나셨다.

무병장수
없을 무 + 병 병 + 길 장 + 목숨 수

뜻

병 없이 건강하게 오래 삶

표현1 할아버지 무병장수하세요.

표현2 식습관이 건강해야 무병장수할 수 있어.

가슴에 불이 난 듯 뜨겁고 답답해서 '화병'이라고 합니다.

 **글쓰기 꽉 잡아** 병 병(病)을 넣어 한 문장 글쓰기를 해 보세요.

병명 병의 이름

의사는 ⋯⋯⋯⋯⋯⋯⋯⋯⋯⋯⋯⋯⋯⋯⋯⋯⋯⋯⋯⋯⋯⋯⋯

병자 병이 들어 아픈 사람

건강을 되찾으려 ⋯⋯⋯⋯⋯⋯⋯⋯⋯⋯⋯⋯⋯⋯⋯⋯⋯⋯

화병 마음에 화가 쌓여서 생긴 병

화병이 난 엄마는 ⋯⋯⋯⋯⋯⋯⋯⋯⋯⋯⋯⋯⋯⋯⋯⋯⋯⋯

무병장수 병 없이 건강하게 오래 삶

무병장수하는 사람은 ⋯⋯⋯⋯⋯⋯⋯⋯⋯⋯⋯⋯⋯⋯⋯⋯

33

창의력 꽉 잡아

병 병(病)이 들어간 단어를 2개 이상 사용하여 문장을 써 보세요.

예시

엄마의 병명은 화병으로 결론이 났다.

탐구력 꽉 잡아

1. 단어에 '병'이 들어간 경우를 책 혹은 주변에서 찾아 빈칸에 써 보세요.
2. 병 병(病)이 사용된 단어에는 ○, 아니면 X를 표시해 보세요.

병충
(농작물을 병들게
하는 벌레)

의병
(나라를 지키려는 백성들로
이루어진 군대)

해병
(바다에서 싸우는 병사)

병색
(병든 사람의 얼굴빛)

'병사', '군인'과 관련된 단어를 골라내 보세요.

死 죽을 사
뜻: 죽을 소리: 사

추론력 꽉 잡아

한자의 뜻과 그림을 보고 단어의 뜻을 짐작해 보세요.

죽을 사 + 망할 망
사망

죽을 사 + 힘 력
사력

죽을 사 + 다칠 상 + 사람 자
사상자

살 생 + 죽을 사 + 쓸 고 + 즐길 락
생사고락

★ 죽을 '사'와 소리가 같다는 이유로 4층을 F층으로 쓰기도 해요.

 어휘력 꽉 잡아 죽을 사(死)가 숨어 있는 단어를 알아봅시다.

사망
죽을 사 + 망할 망

 뜻
사람이 죽음

표현1 그는 어제 사망했다.

표현2 교통사고로 두 명이 사망했다.

사력
죽을 사 + 힘 력

뜻
목숨을 아끼지 않고 쓰는 힘
온 힘을 다함

표현1 그녀는 사력을 다해 달렸다.

표현2 사력을 다해 이번 일을 끝내자.

사상자
죽을 사 + 다칠 상 + 사람 자

 뜻
죽은 사람과 다친 사람

표현1 사상자를 어서 병원으로 이송해.

표현2 이번 산사태로 사상자가 35명에 달했다.

생사고락
살 생 + 죽을 사 + 쓸 고 + 즐길 락

 뜻
삶과 죽음, 괴로움과 즐거움

표현1 우리는 생사고락을 함께한 친구다.

표현2 생사고락을 함께하면서 신뢰를 쌓았다.

죽을 사(死)를 넣어 한 문장 글쓰기를 해 보세요.

사망 <small>사람이 죽음</small>

그녀는

사력 <small>온 힘을 다함</small>

사력을 다한다면

사상자 <small>죽은 사람과 다친 사람</small>

사상자가 발생하면

생사고락 <small>삶과 죽음, 괴로움과 즐거움</small>

그들은 전쟁에서

죽을 사(死)가 들어간 단어를 2개 이상 사용하여 문장을 써 보세요.

예시

사력을 다해 구조했지만 사상자가 나오고 말았다.

1. 단어에 '사'가 들어간 경우를 책 혹은 주변에서 찾아 빈칸에 써 보세요.
2. 죽을 사(死)가 사용된 단어에는 ◯, 아니면 X를 표시해 보세요.

사형
(목숨을 뺏는 형벌)

불사
(죽지 아니함)

사극
(역사 드라마)

선사
(역사 이전 시대)

'역사'와 관련된 단어를 골라내 보세요.

1주 차 복습

콩나물쌤의 강의를 먼저 듣고 공부를 시작하면 이해가 쏙쏙!

QR 코드를 스캔하면 강의 영상을 볼 수 있어요.

1. 왼쪽 어휘를 보고 그 뜻으로 알맞은 것을 골라 선으로 연결하세요.

생일 ●   ● 병 없이 건강하게 오래 삶

수명 ●   ● 목숨을 가지고 살아 있는 기간

노소 ●   ● 태어난 날

무병장수 ●   ● 늙은이와 젊은이

사망 ●   ● 사람이 죽음

2. 다음 뜻을 가진 어휘를 쓰세요.

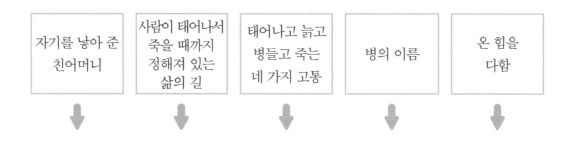

| 자기를 낳아 준 친어머니 | 사람이 태어나서 죽을 때까지 정해져 있는 삶의 길 | 태어나고 늙고 병들고 죽는 네 가지 고통 | 병의 이름 | 온 힘을 다함 |

3. 보기에서 알맞은 한자어를 골라 각 뜻을 나타내는 어휘를 만들어 보세요.

보기   **날 생, 늘을 로, 죽을 사, 병 병, 목숨 명**

1) 동식물처럼 살아 있는 무언가 ➡ [   ] + 물건 **물**

2) 사람의 목숨은 하늘이 정함에 있다. ➡ 사람 **인** + [   ] + 있을 **재** + 하늘 **천**

3) 늙은 사람 ➡ [   ] + 사람 **인**

4) 병이 들어 아픈 사람 ➡ [   ] + 사람 **자**

5) 죽은 사람과 다친 사람 ➡ [   ] + 다칠 **상** + 사람 **자**

4. 다음 어휘를 이용해 한 문장 글쓰기를 해 보세요.

견물생심

➡ _____

생명

➡ _____

노년

➡ _____

화병

➡ _____

생사고락

➡ _____

2주차

姓 ^뜻 성씨 ^{소리} 성

 추론력 꽉 잡아

한자의 뜻과 그림을 보고 단어의 뜻을 짐작해 보세요.

성씨 성 + 이름 명
성명

성씨 성 + 성씨 씨
성씨

성씨 성 + 직함 함
성함

한 가지 동 + 성씨 성 + 한 가지 동 + 근본 본
동성동본

★ 성씨 성(姓)은 여자(女)가 아이를 낳아(生) 성을 붙이는 것을 나타냅니다.

 **어휘력 꽉 잡아** 성씨 성(姓)이 숨어 있는 단어를 알아봅시다.

성명
성씨 성 + 이름 명

뜻
성과 이름

표현1 여기에 성명을 써 주세요.

표현2 성명은 자신을 대표한다.

성씨
성씨 성 + 성씨 씨

뜻
이름에서
'성'을 높여 부르는 말

표현1 성씨가 어떻게 되십니까?

표현2 아이는 아버지의 성씨를 따른다.

 우리나라에 가장 많은 성씨는 김(金)씨입니다.

성함
성씨 성 + 직함 함

뜻
성명과 직함
성명을 높여 부르는 말

표현1 나는 그분의 성함을 모릅니다.

표현2 부친의 성함이 어찌 되시는가?

동성동본
한 가지 동 + 성씨 성 + 한 가지 동 + 근본 본

뜻
성과 본관이 모두 같음

표현1 동성동본은 성과 조상의 터전이 같은 사람을 말한다.

표현2 2005년 전까지 동성동본은 결혼할 수 없었다.

글쓰기
꽉 잡아

성씨 성(姓)을 넣어 한 문장 글쓰기를 해 보세요.

성명 성과 이름

정확하게

성씨 이름에서 '성'을 높여 부르는 말

나는 그의

성함 성명을 높여 부르는 말

할아버지의 성함은

동성동본 성과 본관이 모두 같음

그 친구는 알고 보니

창의력 꽉 잡아 성씨 성(姓)이 들어간 단어를 2개 이상 사용하여 문장을 써 보세요.

예시

성씨를 듣고 보니 동성동본인 듯했다.

탐구력 꽉 잡아

1. 단어에 '성'이 들어간 경우를 책 혹은 주변에서 찾아 빈칸에 써 보세요.
2. 성씨 성(姓)이 사용된 단어에는 ○, 아니면 X를 표시해 보세요.

백성
(백 가지 성씨의
일반 국민)

성장
(점점 커짐)

동성
(같은 성)

성공
(목적을 이룸)

 '이루다'는 뜻을 가진 단어를 골라내 보세요.

名

^뜻 이름 ^{소리} 명

추론력 꽉 잡아

한자의 뜻과 그림을 보고 단어의 뜻을 짐작해 보세요.

다를 별 + 이름 명
별명

거짓 가 + 이름 명
가명

이름 명 + 말씀 언
명언

한 가지 동 + 이름 명 + 다를 이 + 사람 인
동명이인

 이름 명(名)이 숨어 있는 단어를 알아봅시다.

별명
다를 별 + 이름 명

뜻

진짜 이름과 다르게 붙인 이름

표현1 우리 형 별명은 키다리다.

표현2 내 친구는 별명을 싫어한다.

가명
거짓 가 + 이름 명

뜻

거짓으로 지은 이름

표현1 이름을 말하기 싫어 가명을 썼다.

표현2 범인은 가명을 쓰며 도망 다녔다.

 가명이 아닌 본디 이름은 '본명'이에요.

명언
이름 명 + 말씀 언

뜻

많은 이들이 아는 이름난(유명한) 말

표현1 명언을 통해 우리는 중요한 교훈을 얻을 수 있다.

표현2 누나는 매일 명언을 하나씩 노트에 쓴다.

동명이인
한 가지 동 + 이름 명 + 다를 이 + 사람 인

뜻

이름은 같으나 다른 사람

표현1 동명이인이 있어서 착각을 했다.

표현2 세상에는 동명이인이 참으로 많다.

글쓰기 꽉 잡아

이름 명(名)을 넣어 한 문장 글쓰기를 해 보세요.

별명 진짜 이름과 다르게 붙인 이름

내 별명은

가명 거짓으로 지은 이름

가명을 쓴다면

명언 많은 이들이 아는 이름난(유명한) 말

내가 아는 명언은

동명이인 이름은 같으나 다른 사람

그는 어제

 **창의력 꽉 잡아** 이름 명(名)이 들어간 단어를 2개 이상 사용하여 문장을 써 보세요.

동명이인이 있어서 가명을 사용했다.

 **탐구력 꽉 잡아**

1. 단어에 '명'이 들어간 경우를 책 혹은 주변에서 찾아 빈칸에 써 보세요.
2. 이름 명(名)이 사용된 단어에는 ○, 아니면 X를 표시해 보세요.

명물
(유명한 물건)

명쾌
(밝고 말끔함)

명백
(의심할 것 없이 분명함)

명사
(유명한 사람)

 '밝고 분명한 것'과 관련된 단어를 골라내 보세요.

身

뜻 소리
몸 신

추론력 꽉 잡아

한자의 뜻과 그림을 보고 단어의 뜻을 짐작해 보세요.

몸 신 + 몸 체
신체

몸 신 + 길 장
신장

몸 신 + 세상 세
신세

내 신세야...

닦을 수 + 몸 신 + 가지런할 제 + 집 가
수신제가

 몸 신(身)이 숨어 있는 단어를 알아봅시다.

신체
몸 신 + 몸 체

뜻
사람의 몸

표현1 신체가 건강해야 마음도 건강하다.

표현2 꾸준한 운동으로 신체를 단련하자.

신장
몸 신 + 길 장

뜻
몸의 길이
키

표현1 농구는 신장이 크면 유리하다.

표현2 초등 5학년 남자아이의 평균 신장은
145cm이다.

신세
몸 신 + 세상 세

뜻
몸이 세상에 놓인 상태
불행한 처지와 형편

표현1 놀기만 하더니 거지 신세가 되었다.

표현2 삼촌은 이룬 게 하나 없다며 신세
한탄을 했다.

수신제가
닦을 수 + 몸 신 + 기지런할 제 + 집 가

뜻
몸과 마음을 닦아 집안을 다스림

표현1 성공하려면 일단 수신제가부터 해야
한다.

표현2 수신제가도 못 하면서 정치인이 되
겠다고?

 남에게 도움받는 것을
'신세를 지다'라고 표현하기도 합니다.

 글쓰기 꽉 잡아

몸 신(身)을 넣어 한 문장 글쓰기를 해 보세요.

신체 ^{사람의 몸}

신체가 불편한 장애인이 ....

신장 ^키

나는 신장이 ....

신세 ^{불행한 처지와 형편}

.... 된 그의 신세가 처량하다.

수신제가 ^{몸과 마음을 닦아 집안을 다스림}

수신제가하기 위해 ....

몸 신(身)이 들어간 단어를 2개 이상 사용하여 문장을 써 보세요.

예시

수신제가하려면 먼저 운동으로 신체를 단련해야 해.

1. 단어에 '신'이 들어간 경우를 책 혹은 주변에서 찾아 빈칸에 써 보세요.
2. 몸 신(身)이 사용된 단어에는 ○, 아니면 X를 표시해 보세요.

신수
(얼굴에 나타나는 건강함)

육신
(사람의 몸뚱이)

신앙
(믿고 우러러 받듦)

신뢰
(믿고 의지함)

'믿음'과 관련된 단어를 골라내 보세요.

體

뜻 소리

몸 체

 **추론력 꽉 잡아** 한자의 뜻과 그림을 보고 단어의 뜻을 짐작해 보세요.

몸 체 + 힘 력
체력

몸 체 + 따뜻할 온
체온

몸 체 + 기를 육
체육

임금 군 + 스승 사 + 아버지 부 + 한 일 + 몸 체
군사부일체

체력
몸 체 + 힘 력

뜻
몸의 힘

표현1   체력을 길러야 무엇이든 할 수 있어.

표현2   꾸준한 운동으로 체력을 길렀다.

체온
몸 체 + 따뜻할 온

뜻
몸의 온도

표현1   사람의 평균 체온은 36.5도이다.

표현2   체온이 너무 높거나 낮으면 병에 걸리기 쉽다.

체육
몸 체 + 기를 육

뜻
신체를 튼튼하게 기르는 활동

표현1   체육은 내가 좋아하는 과목이다.

표현2   나는 체육대회에 출전하게 되었다.

군사부일체
임금 군 + 스승 사 + 아버지 부 + 한 일 + 몸 체

뜻
임금, 스승, 아버지는 한 몸이다.

표현1   군사부일체의 정신으로 스승님을 모셔라.

표현2   군사부일체라 했거늘 아버지에게 대들면 쓰겠느냐?

 군사부일체는 임금, 스승, 아버지의 은혜가 모두 같다는 의미로 쓰입니다.

글쓰기 꽉 잡아

몸 체(體)를 넣어 한 문장 글쓰기를 해 보세요.

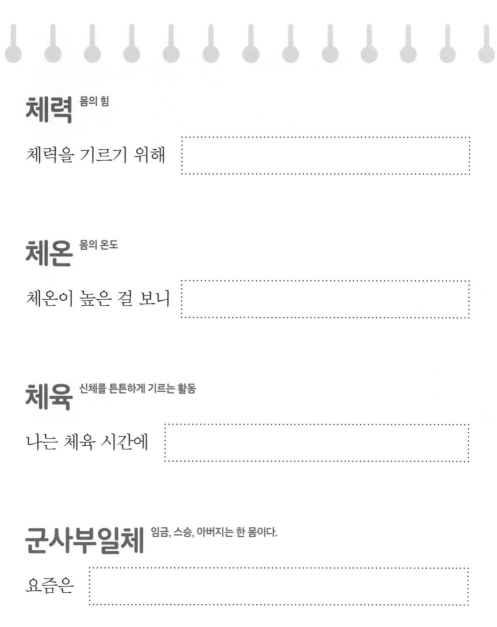

체력 _{몸의 힘}

체력을 기르기 위해

체온 _{몸의 온도}

체온이 높은 걸 보니

체육 _{신체를 튼튼하게 기르는 활동}

나는 체육 시간에

군사부일체 _{임금, 스승, 아버지는 한 몸이다.}

요즘은

창의력 꽉 잡아

몸 체(體)가 들어간 단어를 2개 이상 사용하여 문장을 써 보세요.

예시

체육 시간에 체력 단련 운동을 했다.

탐구력 꽉 잡아

1. 단어에 '체'가 들어간 경우를 책 혹은 주변에서 찾아 빈칸에 써 보세요.
2. 몸 체(體)가 사용된 단어에는 ○, 아니면 X를 표시해 보세요.

체급
(몸무게로 매긴 등급)

지체
(때를 늦춤)

연체
(정한 기한을 지키지
못하고 지체함)

체면
(남을 대하기에 떳떳한
도리와 얼굴)

'막힘, 늦음'과 관련된 단어를 골라내 보세요.

頭

뜻 소리
머리 두

추론력 꽉 잡아

한자의 뜻과 그림을 보고 단어의 뜻을 짐작해 보세요.

머리 두 + 골 뇌
두뇌

머리 두 + 아플 통
두통

먼저 선 + 머리 두
선두

꿰뚫을 철 + 머리 두 + 꿰뚫을 철 + 꼬리 미
철두철미

조사끝!

 머리 두(頭)가 숨어 있는 단어를 알아봅시다.

두뇌
머리 두 + 골 뇌

뜻

머리 속의 골
뇌

표현1 사람은 두뇌로 생각한다.

표현2 그는 두뇌가 뛰어나다.

두통
머리 두 + 아플 통

뜻

머리가 아픈 증상

표현1 할머니는 두통으로 고생하셨다.

표현2 두통에 잘 듣는 약을 사 오렴.

 '그는 우리 팀의 두뇌다'처럼 가장
똑똑한 사람을 칭할 때도 사용해요.

선두
먼저 선 + 머리 두

뜻

앞에 있는 머리
맨 앞

표현1 우리나라 선수가 선두로 나왔다.

표현2 선두에 서서 친구들을 이끌었다.

철두철미
꿰뚫을 철 + 머리 두 + 꿰뚫을 철 + 꼬리 미

뜻

머리부터 꼬리까지 꿰뚫다.
처음부터 끝까지 철저하게

표현1 조사는 철두철미하게 해야 한다.

표현2 사전에 철두철미하게 준비하면 실수
가 없다.

 머리 두(頭)를 넣어 한 문장 글쓰기를 해 보세요.

두뇌 ^뇌

두뇌를 다치면

두통 ^{머리가 아픈 증상}

두통이 심해

선두 ^{맨 앞}

선두에 서려면

철두철미 ^{처음부터 끝까지 철저하게}

나는

머리 두(頭)가 들어간 단어를 2개 이상 사용하여 문장을 써 보세요.

예시

철두철미하게 준비한 덕분에 선두로 나설 수 있었다.

탐구력 꽉 잡아

1. 단어에 '두'가 들어간 경우를 책 혹은 주변에서 찾아 빈칸에 써 보세요.
2. 머리 두(頭)가 사용된 단어에는 ○, 아니면 X를 표시해 보세요.

몰두
(어떤 일에 매우 집중함)

두유
(콩으로 만든 우유)

두건
(머리에 쓰는 수건)

두부
(콩으로 만든 식품)

 '콩'과 관련된 단어를 골라내 보세요.

2주 차 복습

콩나물쌤의 강의를 먼저 듣고 공부를 시작하면 이해가 쏙쏙!

QR 코드를 스캔하면 강의 영상을 볼 수 있어요.

1. 왼쪽 어휘를 보고 그 뜻으로 알맞은 것을 골라 선으로 연결하세요.

성명 ● ● 성과 이름

가명 ● ● 거짓으로 지은 이름

신세 ● ● 머리 속의 골

군사부일체 ● ● 임금, 스승, 아버지는 한 몸이다.

두뇌 ● ● 불행한 처지와 형편

2. 다음 뜻을 가진 어휘를 쓰세요.

이름에서 '성'을 높여 부르는 말	많은 이들이 아는 이름난 (유명한) 말	몸과 마음을 닦아 집안을 다스림	몸의 힘	머리가 아픈 증상
⬇	⬇	⬇	⬇	⬇

3. 보기에서 알맞은 한자어를 골라 각 뜻을 나타내는 어휘를 만들어 보세요.

보기 **성씨 성, 머리 두, 몸 신, 몸 체, 이름 명**

1) 성명과 직함 ➡ [   ] + 직함 **함**

2) 이름은 같으나 다른 사람 ➡ 한 가지 **동** + [   ] + 다를 **이** + 사람 **인**

3) 사람의 몸 ➡ [   ] + 몸 **체**

4) 몸의 온도 ➡ [   ] + 따뜻할 **온**

5) 맨 앞 ➡ 먼저 **선** + [   ]

4. 다음 어휘를 이용해 한 문장 글쓰기를 해 보세요.

동성동본

➡ _____

별명

➡ _____

신장

➡ _____

체육

➡ _____

철두철미

➡ _____

目

공부한 날
월 일

뜻 소리
눈 목

추론력 꽉 잡아 한자의 뜻과 그림을 보고 단어의 뜻을 짐작해 보세요.

눈 목 + 부딪칠 격
목격

눈멀 맹 + 눈 목 + ~한 상태 적
맹목적

얼굴 면 + 눈 목
면목

긁을 괄 + 눈 목 + 서로 상 + 대할 대
괄목상대

★ 눈 목(目)에서 얼굴에 있는 눈 모양을 찾아보세요.

 눈 목(目)이 숨어 있는 단어를 알아봅시다.

목격

눈 목 + 부딪칠 격

 뜻

눈길이 부딪혀 우연히 봄
눈으로 직접 봄

표현1   우연히 교통사고를 목격했다.

표현2   그는 어제 범행을 목격했다.

맹목적

눈멀 맹 + 눈 목 + ~한 상태 적

 뜻

눈이 멀어 보이지 않듯이 행동함
생각이나 원칙 없이 행동함

표현1   그는 맹목적으로 그녀를 사랑했다.

표현2   맹목적으로 판단하면 안 된다.

면목

얼굴 면 + 눈 목

 뜻

얼굴과 눈
남을 대할 체면

표현1   죄송합니다. 면목이 없습니다.

표현2   무슨 면목으로 부모님을 대할 수 있겠는가?

괄목상대

긁을 괄 + 눈 목 + 서로 상 + 대할 대

 뜻

눈을 비비고 다시 확인할 정도로
실력이 좋아졌음

표현1   괄목상대할 정도로 수학 실력이 좋아졌다.

표현2   리코더 연주 실력이 괄목상대했다.

 글쓰기 꽉 잡아

눈 목(目)을 넣어 한 문장 글쓰기를 해 보세요.

목격 _{눈으로 직접 봄}

그는 목격한 사실을 ⌇⌇⌇⌇⌇⌇⌇⌇⌇⌇⌇⌇⌇⌇⌇⌇⌇⌇⌇⌇⌇⌇

맹목적 _{생각이나 원칙 없이 행동함}

맹목적인 믿음은 ⌇⌇⌇⌇⌇⌇⌇⌇⌇⌇⌇⌇⌇⌇⌇⌇⌇⌇⌇⌇⌇⌇

면목 _{남을 대할 체면}

⌇⌇⌇⌇⌇⌇⌇⌇⌇⌇⌇⌇⌇⌇⌇⌇⌇⌇⌇⌇⌇⌇ 은 면목 없는 짓이다.

괄목상대 _{눈을 비비고 다시 확인할 정도로 실력이 좋아졌음}

한자어 실력이 괄목상대하면 ⌇⌇⌇⌇⌇⌇⌇⌇⌇⌇⌇⌇⌇⌇⌇⌇

눈 목(目)이 들어간 단어를 2개 이상 사용하여 문장을 써 보세요.

예시

맹목적으로 일하다가 망쳐서 면목이 없습니다.

---

1. 단어에 '목'이 들어간 경우를 책 혹은 주변에서 찾아 빈칸에 써
   보세요.
2. 눈 목(目)이 사용된 단어에는 ◯, 아니면 X를 표시해 보세요.

목적
(실현하려고 하는
일이나 방향)

유목
(여기저기 다니면서
동물을 기름)

목전
(시간이나 거리가 가까움)

목장
(소, 말, 양을 기르는 곳)

'동물을 기르는 것'과 관련된 단어를 골라내 보세요.

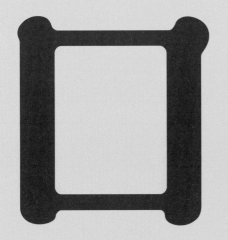

뜻 소리
입 구

추론력 꽉 잡아

한자의 뜻과 그림을 보고 단어의 뜻을 짐작해 보세요.

입 구 + 부르짖을 호
구호

먹을 식 + 입 구
식구

하나! 둘!
하나! 둘!

들 입 + 입 구
입구

다를 이 + 입 구 + 한 가지 동 + 소리 성
이구동성

매장입구

정답!!!

★ 입 구(口)에서 입의 모양을 찾아보세요.

 입 구(口)가 숨어 있는 단어를 알아봅시다.

구호
입 구 + 부르짖을 호

 뜻

입으로 부르짖음

표현1   구호에 맞춰 체조를 시작합니다.

표현2   다 같이 구호를 크게 외칩시다.

식구
먹을 식 + 입 구

 뜻

함께 집에서 밥을 먹는 사람

표현1   우리 집 식구는 모두 다섯 명이다.

표현2   식구끼리는 서로 양보해야 한다.

입구
들 입 + 입 구

 뜻

(입처럼 생긴) 들어가는 통로

표현1   문구점 입구에서 만나자.

표현2   입구에는 사람들이 많았다.

이구동성
다를 이 + 입 구 + 한 가지 동 + 소리 성

 뜻

다른 입이 한 가지 소리를 냄
여러 사람의 의견이 같음

표현1   다들 이구동성으로 답을 외쳤다.

표현2   이구동성으로 그를 칭찬했다.

글쓰기 꽉 잡아 입 구(口)를 넣어 한 문장 글쓰기를 해 보세요.

구호 입으로 부르짖음

우리의 구호는

식구 함께 집에서 밥을 먹는 사람

식구끼리 싸우면

입구 들어가는 통로

아파트 입구에는

이구동성 여러 사람의 의견이 같음

아이들은 이구동성으로

"장애인을 보호하라"처럼 요구를 표현한 짧은 문장도 구호라고 합니다.

창의력 꽉 잡아

입 구(口)가 들어간 단어를 2개 이상 사용하여 문장을 써 보세요.

예시

식구들은 이구동성으로 외식하자고 말했다.

_____

탐구력 꽉 잡아

1. 단어에 '구'가 들어간 경우를 책 혹은 주변에서 찾아 빈칸에 써 보세요.
2. 입 구(口)가 사용된 단어에는 ○, 아니면 X를 표시해 보세요.

구전
(입에서 입으로
전해져 내려옴)

구미
(입에서 느끼는 맛의 감각)

야구
(공을 방망이로 치는 스포츠)

축구
(공을 발로 차는 스포츠)

'공'과 관련된 단어를 골라내 보세요.

뜻 소리
얼굴 면

추론력 꽉 잡아

한자의 뜻과 그림을 보고 단어의 뜻을 짐작해 보세요.

얼굴 면 + 맞이할 접
면접

거짓 가 + 얼굴 면
가면

바를 정 + 얼굴 면
정면

날 생 + 얼굴 면 + 아닐 부 + 알 지
생면부지

이모 처음 보지?

★ 얼굴 면(面) 안에 눈 목(目)이 보이나요?

 **어휘력 꽉 잡아** 얼굴 면(面)이 숨어 있는 단어를 알아봅시다.

면접
얼굴 면 + 맞이할 접

뜻

얼굴을 마주함
얼굴을 보고 하는 시험

표현1 삼촌은 면접시험을 보러 갔다.

표현2 안타깝게도 면접에서 탈락했다.

가면
거짓 가 + 얼굴 면

뜻

종이나 나무 등으로 만든 가짜 얼굴

표현1 미술 시간에 가면을 만들었다.

표현2 가면을 쓰고 역할놀이를 했다.

정면
바를 정 + 얼굴 면

뜻

바르게 보이는 앞쪽 면

표현1 사진을 찍을 때는 정면을 똑바로 바라보세요.

표현2 정면에 보이는 건물이 국회의사당입니다.

생면부지
날 생 + 얼굴 면 + 아닐 부 + 알 지

뜻

태어나서 한 번도
본 적 없는 얼굴(사람)

표현1 삼촌은 생면부지의 사람을 도왔다.

표현2 사람들은 생면부지인 나를 친구처럼 대해 주었다.

글쓰기 꽉 잡아

얼굴 면(面)을 넣어 한 문장 글쓰기를 해 보세요.

면접 얼굴을 보고 하는 시험

면접을 볼 때는 [   ]

가면 종이나 나무 등으로 만든 가짜 얼굴

나는 [   ]

정면 바르게 보이는 앞쪽 면

조각을 할 때는 [   ]

생면부지 태어나서 한 번도 본 적 없는 얼굴(사람)

생면부지의 사람들과 [   ]

창의력 꽉 잡아 얼굴 면(面)이 들어간 단어를 2개 이상 사용하여 문장을 써 보세요.

예시

생면부지 사람들 앞에서 면접을 보는 것은 늘 어렵다.

탐구력 꽉 잡아
1. 단어에 '면'이 들어간 경우를 책 혹은 주변에서 찾아 빈칸에 써 보세요.
2. 얼굴 면(面)이 사용된 단어에는 ○, 아니면 X를 표시해 보세요.

대면
(서로 얼굴을 마주함)

근면
(부지런히 일하며 힘씀)

면학
(부지런히 공부함)

면박
(얼굴 보여 눈앞에서 꾸짖음)

'성실함'과 관련된 단어를 골라내 보세요.

手

뜻   소리
손   수

추론력 꽉 잡아

한자의 뜻과 그림을 보고 단어의 뜻을 짐작해 보세요.

손 수 + 수건 건
수건

손 수 + 움직일 동
수동

손 수 + 방법 법
수법

스스로 자 + 손 수 + 이룰 성 + 집 가
자수성가

★ 손 수(手)에서 손가락 모양을 찾아보세요.

어휘력 꽉 잡아

손 수(手)가 숨어 있는 단어를 알아봅시다.

수건
손 수 + 수건 건

뜻

얼굴, 손 등을 닦는 천

표현1 수건으로 물기를 잘 닦으렴.

표현2 목욕한 후 수건으로 닦았다.

수동
손 수 + 움직일 동

뜻

전기 등을 이용하지 않고
손으로 움직임

표현1 이 장난감은 수동입니다.

표현2 이 문은 수동이 아닌 자동입니다.

수법
손 수 + 방법 법

뜻

수단과 방법

표현1 범인의 수법이 매우 과감하다.

표현2 그는 이익을 위해 갖은 수법을 다
썼다.

자수성가
스스로 자 + 손 수 + 이룰 성 + 집 가

뜻

스스로의 손(힘)으로
성공을 이루다.

표현1 그녀는 오랜 노력 끝에 자수성가하
여 사장이 되었다.

표현2 자수성가한 사업가를 만나 인터뷰를
했다.

'수법'은 주로 나쁜 방법을 뜻해요.

글쓰기 꽉 잡아 손 수(手)를 넣어 한 문장 글쓰기를 해 보세요.

수건 얼굴, 손 등을 닦는 천

수건이 없어

수동 전기 등을 이용하지 않고 손으로 움직임

수동으로 하려니

수법 수단과 방법

보이스피싱범들이

자수성가 스스로의 손(힘)으로 성공을 이루다.

자수성가한 사람은

창의력 꽉 잡아 손 수(手)가 들어간 단어를 2개 이상 사용하여 문장을 써 보세요.

예시

성실함 없이 나쁜 수법으로는 자수성가할 수 없다.

탐구력 꽉 잡아

1. 단어에 '수'가 들어간 경우를 책 혹은 주변에서 찾아 빈칸에 써 보세요.
2. 손 수(手)가 사용된 단어에는 ○, 아니면 X를 표시해 보세요.

수화
(손으로 나타내는 언어)

수량
(수와 양)

수첩
(조그마한 공책)

수학
(수에 관한 학문)

'계산'과 관련된 단어를 골라내 보세요.

足

뜻 소리
발 족

추론력 꽉 잡아

한자의 뜻과 그림을 보고 단어의 뜻을 짐작해 보세요.

발 족 + 공 구
족구

발 족 + 쇠사슬 쇄
족쇄

뱀 사 + 발 족
사족

새 조 + 발 족 + 어조사 지 + 피 혈
조족지혈

★ 발 족(足)에서 발의 모양을 찾아보세요.

 발 족(足)이 숨어 있는 단어를 알아봅시다.

족구
발 족 + 공 구

뜻

발로 공을 차서 네트를 넘기는 운동

표현1　오늘 2반과 족구 시합이 있다.

표현2　삼촌은 군대에서 족구를 배웠다고 한다.

족쇄
발 족 + 쇠사슬 쇄

뜻

죄인들의 발목에 채우던 쇠사슬
자유를 구속하는 대상을 비유하는 말

표현1　옛날에는 죄인들이 도망가지 못하도록 족쇄를 채우곤 했다.

표현2　한 번의 잘못이 족쇄가 되기도 한다.

사족
뱀 사 + 발 족

뜻

뱀의 발
실제로는 없거나 불필요한 것

표현1　불필요한 사족을 붙이지 마라.

표현2　이 문장에는 사족이 너무 많아.

조족지혈
새 조 + 발 족 + 어조사 지 + 피 혈

뜻

새 발의 피
매우 적은 양

표현1　스마트폰을 사기에 내 용돈은 조족지혈이다.

표현2　허기를 달래는 데 사탕은 조족지혈이다.

 **글쓰기 꽉 잡아** 발 족(足)을 넣어 한 문장 글쓰기를 해 보세요.

족구 발로 공을 차서 네트를 넘기는 운동

우리 동네에는

족쇄 자유를 구속하는 대상을 비유하는 말

족쇄가 되지 않도록

사족 실제로는 없거나 불필요한 것

말할 때 사족을 달면

조족지혈 매우 적은 양

조족지혈이다.

창의력 꽉 잡아

발 족(足)이 들어간 단어를 2개 이상 사용하여 문장을 써 보세요.

예시

사족은 그만 붙이고 빨리 족구나 시작하자.

탐구력 꽉 잡아

1. 단어에 '족'이 들어간 경우를 책 혹은 주변에서 찾아 빈칸에 써 보세요.
2. 발 족(足)이 사용된 단어에는 ○, 아니면 X를 표시해 보세요.

의족
(만든 다리)

민족
(인종, 문화가 비슷한 사람들)

부족
(조상이 같은 원시 사회 사람들)

수족
(팔다리)

'비슷한 사람들의 무리'와 관련된 단어를 골라내 보세요.

3주 차 복습

콩나물쌤의 강의를 먼저 듣고 공부를 시작하면 이해가 쏙쏙!

QR 코드를 스캔하면 강의 영상을 볼 수 있어요.

1. 왼쪽 어휘를 보고 그 뜻으로 알맞은 것을 골라 선으로 연결하세요.

목격 •   • 함께 집에서 밥을 먹는 사람

식구 •   • 눈으로 직접 봄

정면 •   • 스스로의 손(힘)으로
                                          성공을 이루다.

자수성가 •   • 바르게 보이는 앞쪽 면

족구 •   • 발로 공을 차서
                                          네트를 넘기는 운동

2. 다음 뜻을 가진 어휘를 쓰세요.

눈이 멀어 보이지 않듯이 행동함	(입처럼 생긴) 들어가는 통로	태어나서 한 번도 본 적 없는 얼굴(사람)	얼굴, 손 등을 닦는 천	죄인들의 발목에 채우던 쇠사슬
⬇	⬇	⬇	⬇	⬇

3. 보기에서 알맞은 한자어를 골라 각 뜻을 나타내는 어휘를 만들어 보세요.

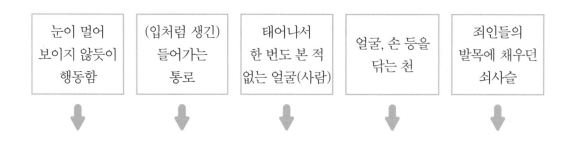

보기 얼굴 **면**, 손 **수**, 눈 **목**, 입 **구**, 발 **족**

1) 남을 대할 체면 ➡ 얼굴 **면** + [ ]

2) 여러 사람의 의견이 같음 ➡ 다를 **이** + [ ] + 한 가지 **동** + 소리 **성**

3) 얼굴을 보고 하는 시험 ➡ [ ] + 맞이할 **접**

4) 전기 등을 이용하지 않고 손으로 움직임 ➡ [ ] + 움직일 **동**

5) 실제로는 없거나 불필요한 것 ➡ 뱀 **사** + [ ]

4. 다음 어휘를 이용해 한 문장 글쓰기를 해 보세요.

괄목상대

➡ _____

구호

➡ _____

가면

➡ _____

수법

➡ _____

조족지혈

➡ _____

飮 마실 음

_뜻 마실 _{소리} 음

 **추론력 꽉 잡아**

한자의 뜻과 그림을 보고 단어의 뜻을 짐작해 보세요.

마실 음 + 먹을 식
음식

마실 음 + 거리 료
음료

마실 음 + 술 주
음주

먹을 식 + 마실 음 + 온전할 전 + 폐할 폐
식음 전폐

 마실 음(飮)이 숨어 있는 단어를 알아봅시다.

음식
마실 음 + 먹을 식

 뜻

먹는 것과 마시는 것

표현1 음식은 골고루 먹어야 한다.

표현2 엄마는 손님들께 음식 솜씨를 자랑했다.

음료
마실 음 + 거리 료

 뜻

마실 거리

표현1 겨울에는 따뜻한 음료가 잘 팔린다.

표현2 설탕이 많이 들어간 음료는 주의해야 한다.

음주
마실 음 + 술 주

뜻

술을 마심

표현1 아빠는 음주를 즐기신다.

표현2 음주 운전은 절대 해서는 안 된다.

식음 전폐
먹을 식 + 마실 음 + 온전할 전 + 폐할 폐

뜻

먹고 마시는 것을 완전히 끊음

표현1 그는 식음을 전폐하고 누워 있다.

표현2 식음을 전폐하고 슬퍼하고 있다.

 지나치게 음주를 하는 것은
'과음'이라고 합니다.

마실 음(飮)을 넣어 한 문장 글쓰기를 해 보세요.

음식 _{먹는 것과 마시는 것}

음식을 먹을 때는 ⁚⁚⁚⁚⁚⁚⁚⁚⁚⁚⁚⁚⁚⁚⁚⁚⁚⁚⁚⁚⁚⁚⁚⁚⁚⁚⁚⁚⁚⁚⁚⁚⁚⁚⁚⁚⁚⁚⁚

음료 _{마실 거리}

시원한 음료를 ⁚⁚⁚⁚⁚⁚⁚⁚⁚⁚⁚⁚⁚⁚⁚⁚⁚⁚⁚⁚⁚⁚⁚⁚⁚⁚⁚⁚⁚⁚⁚⁚⁚⁚⁚⁚⁚

음주 _{술을 마심}

음주 후 수영은 ⁚⁚⁚⁚⁚⁚⁚⁚⁚⁚⁚⁚⁚⁚⁚⁚⁚⁚⁚⁚⁚⁚⁚⁚⁚⁚⁚⁚⁚⁚⁚⁚⁚

식음 전폐 _{먹고 마시는 것을 완전히 끊음}

식음을 전폐하면 ⁚⁚⁚⁚⁚⁚⁚⁚⁚⁚⁚⁚⁚⁚⁚⁚⁚⁚⁚⁚⁚⁚⁚⁚⁚⁚⁚⁚⁚⁚⁚⁚

창의력 꽉 잡아

마실 음(飮)이 들어간 단어를 2개 이상 사용하여 문장을 써 보세요.

예시

음식을 주문할 때 음료도 함께 시키렴.

탐구력 꽉 잡아

1. 단어에 '음'이 들어간 경우를 책 혹은 주변에서 찾아 빈칸에 써 보세요.
2. 마실 음(飮)이 사용된 단어에는 ○, 아니면 X를 표시해 보세요.

음수대
(물을 마실 수 있는 곳)

음식점
(음식을 파는 가게)

음계
(음을 차례대로 늘어놓는 것)

음성
(사람의 목소리)

'소리'와 관련된 단어를 골라내 보세요.

94

뜻 소리

먹을 식

추론력 꽉 잡아

한자의 뜻과 그림을 보고 단어의 뜻을 짐작해 보세요.

★ 먹을 식 + 집 당
식당

바깥 외 + 먹을 식
외식

먹을 식 + 물 수
식수

없을 무 + 돈 전 + 가질 취 + 먹을 식
무전취식

계산 하셔야죠.

★ 먹을 식(食)은 밥이라는 뜻으로도 사용됩니다.

 먹을 식(食)이 숨어 있는 단어를 알아봅시다.

식당
먹을 식 + 집 당

뜻

음식을 파는 가게

표현1 식당에서 밥 먹고 가자.

표현2 식당 안에는 손님들이 매우 많았다.

외식
바깥 외 + 먹을 식

뜻

집 밖에서 돈을 주고 식사하는 것

표현1 오늘은 외식하면 안 돼?

표현2 외식을 자주 하면 돈이 많이 든다.

식수
먹을 식 + 물 수

뜻

먹을 수 있는 물

표현1 한강은 식수로 사용된다.

표현2 식수가 없어 생명이 위험하다.

무전취식
없을 무 + 돈 전 + 가질 취 + 먹을 식

뜻

돈 없이 남이 파는 음식을 먹음

표현1 무전취식은 범죄입니다.

표현2 무전취식으로 경찰서에 잡혀 왔다.

 **글쓰기 꽉 잡아** 먹을 식(食)을 넣어 한 문장 글쓰기를 해 보세요.

식당 음식을 파는 가게

내가 좋아하는 식당은

외식 집 밖에서 돈을 주고 식사하는 것

엄마는

식수 먹을 수 있는 물

식수가 아니니

무전취식 돈 없이 남이 파는 음식을 먹음

무전취식을 하면

창의력 꽉 잡아 먹을 식(食)이 들어간 단어를 2개 이상 사용하여 문장을 써 보세요.

예시

식당에서 무전취식한 30대 남성이 벌금형을 받았다.

1. 단어에 '식'이 들어간 경우를 책 혹은 주변에서 찾아 빈칸에 써 보세요.
2. 먹을 식(食)이 사용된 단어에는 ○, 아니면 X를 표시해 보세요.

식도
(밥이 지나가는
우리 몸속 장기)

식목일
(나무를 심는 날)

식물
(꽃, 나무, 풀 등의 생물)

편식
(특정한 음식만을 즐겨 먹음)

 '식물을 심는 것'과 관련된 단어를 골라내 보세요.

便 ^뜻똥오줌 ^{소리}변

便 똥오줌 변

추론력 꽉 잡아   한자의 뜻과 그림을 보고 단어의 뜻을 짐작해 보세요.

똥오줌 변 + 그릇 기
변기

똥오줌 변 + 곳 소
변소

밀칠 배 + 똥오줌 변
배변

클 대 + 똥오줌 변
대변

★ 똥오줌 변(便)은 '편할 편'으로 읽기도 해요. 이는 뒤에서 배웁니다.

 똥오줌 변(便)이 숨어 있는 단어를 알아봅시다.

변기
똥오줌 변 + 그릇 기

 뜻

똥오줌을 받아 내는 그릇

표현1 화장실에는 변기가 세 개 있다.

표현2 변기를 새것으로 교체했다.

변소
똥오줌 변 + 곳 소

 뜻

똥오줌을 보는 장소

표현1 요즘은 변소 대신 화장실이라고 말한다.

표현2 오래된 변소는 냄새가 심하다.

배변
밀칠 배 + 똥오줌 변

뜻

똥오줌을 몸 밖으로 밀어내는 일

표현1 배변이 원활치 않아 배가 아프다.

표현2 배변은 매우 자연스러운 현상이다.

대변
클 대 + 똥오줌 변

뜻

똥오줌 중 큰 것
똥

표현1 우리 집 강아지는 대변을 못 가린다.

표현2 대변을 본 후 뒤처리를 잘하렴.

글쓰기 꽉 잡아

똥오줌 변(便)을 넣어 한 문장 글쓰기를 해 보세요.

변기 똥오줌을 받아 내는 그릇

변기가 깨끗해야

변소 똥오줌을 보는 장소

옛날 변소는

배변 똥오줌을 몸 밖으로 밀어내는 일

아기는

대변 똥

변소에 갔더니

똥오줌 변(便)이 들어간 단어를 2개 이상 사용하여 문장을 써 보세요.

예시

변기에 대변이 묻지 않도록 조심하렴.

1. 단어에 '변'이 들어간 경우를 책 혹은 주변에서 찾아 빈칸에 써 보세요.
2. 똥오줌 변(便)이 사용된 단어에는 ○, 아니면 X를 표시해 보세요.

변비
(똥이 잘 안
나오는 증상)

변덕
(이랬다저랬다
잘 변하는 태도)

변신
(모양을 바꿈)

소변
(오줌)

 '바뀌는 것'과 관련된 단어를 골라내 보세요.

뜻 소리
살 활

 추론력 꽉 잡아

한자의 뜻과 그림을 보고 단어의 뜻을 짐작해 보세요.

살 생 + 살 활
생활

살 활 + 움직일 동
활동

살 활 + 솟아날 발
활발

흐를 유 + 물결 랑 + 살 생 + 살 활
유랑 생활

살 활(活)이 숨어 있는 단어를 알아봅시다.

생활

살 생 + 살 활

뜻

생명체가 활동하며 살아감

표현1 나는 학교 생활이 즐겁다.

표현2 제인 구달은 침팬지들의 생활 모습
을 연구해 왔다.

활동

살 활 + 움직일 동

뜻

살아서 몸을 움직여 행동함

표현1 부엉이는 밤에 활동한다.

표현2 아빠는 취미 활동으로 요가를 시작
했다.

활발

살 활 + 솟아날 발

뜻

생기 있고 힘차며 시원스러움

표현1 강아지는 활발하게 뛰어다녔다.

표현2 직원들이 활발하게 일을 한다.

유랑 생활

흐를 유 + 물결 랑 + 살 생 + 살 활

뜻

흐르는 물처럼
여기저기 돌아다니며 생활함

표현1 오랜 유랑 생활로 몸도 마음도 많이
지쳤다.

표현2 서커스 단원들은 유랑 생활을 한다.

 살 활(活)은 혀(舌)에 물(水)과 같은
침이 있어 '살아 있음'을 뜻합니다.

 **글쓰기 꽉 잡아** 살 활(活)을 넣어 한 문장 글쓰기를 해 보세요.

생활 생명체가 활동하며 살아감

사람들은

활동 살아서 몸을 움직여 행동함

발목을 다쳐

활발 생기 있고 힘차며 시원스러움

활발하려면

유랑 생활 흐르는 물처럼 여기저기 돌아다니며 생활함

내가 만약 유랑 생활을 한다면

창의력 꽉 잡아 살 활(活)이 들어간 단어를 2개 이상 사용하여 문장을 써 보세요.

예시

일찍 일어나 활발하게 활동하자.

1. 단어에 '활'이 들어간 경우를 책 혹은 주변에서 찾아 빈칸에 써 보세요.
2. 살 활(活)이 사용된 단어에는 ○, 아니면 X를 표시해 보세요.

활약
(기운차게 뛰어다님)

윤활
(뻑뻑하지 않고 매끄러움)

활기
(활발한 기운)

원활
(모난 데 없이 원만함)

 '미끄러움, 부드러움'과 관련된 단어를 골라내 보세요.

事

뜻 소리
일 사

추론력 꽉 잡아

한자의 뜻과 그림을 보고 단어의 뜻을 짐작해 보세요.

일 사 + 실제 실
사실

늘 매 + 일 사
매사

일 사 + 뜻 정
사정

이미 이 + 갈 왕 + 어조사 지 + 일 사
이왕지사

 일 사(事)가 숨어 있는 단어를 알아봅시다.

사실
일 사 + 실제 실

 뜻

실제로 있었던 일

표현1 사실은 어제 학원에 못 갔다.

표현2 사실대로 말해야 한다.

매사
늘 매 + 일 사

 뜻

하는 일마다 늘

표현1 그는 매사에 성실히 일한다.

표현2 매사 트집을 잡으면 친구가 없다.

사정
일 사 + 뜻 정

 뜻

일의 뜻
일이 일어나게 된 이유

표현1 그 사람도 사정이 있겠지.

표현2 사정이 딱한 사람을 도와주었다.

이왕지사
이미 이 + 갈 왕 + 어조사 지 + 일 사

 뜻

이미 지나가 버린 일

표현1 이왕지사 이렇게 된 거 시도나 해봅시다.

표현2 이왕지사 벌어진 일, 우리가 어쩌겠는가?

 '사정'은 보통 좋지 않은 상황을 뜻할 때 많이 사용합니다.

일 사(事)를 넣어 한 문장 글쓰기를 해 보세요.

사실 실제로 있었던 일

나는 사실

매사 하는 일마다 늘

매사에 화를 내면

사정 일이 일어나게 된 이유

사정이 있어서

이왕지사 이미 지나가 버린 일

이왕지사

일 사(事)가 들어간 단어를 2개 이상 사용하여 문장을 써 보세요.

예시

매사에 사정이 있다고 혼자만 빠져나가니 미울 수밖에!

---

1. 단어에 '사'가 들어간 경우를 책 혹은 주변에서 찾아 빈칸에 써 보세요.
2. 일 사(事)가 사용된 단어에는 ○, 아니면 X를 표시해 보세요.

농사
(농작물을 기르는 일)

천사
(하늘의 심부름꾼)

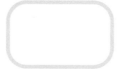
특사
(특별한 임무를 띤 심부름꾼)

사후
(일이 끝난 뒤)

 '심부름'과 관련된 단어를 골라내 보세요.

4주 차 복습

콩나물쌤의 강의를 먼저 듣고 공부를 시작하면 이해가 쏙쏙!

QR 코드를 스캔하면 강의 영상을 볼 수 있어요.

1. 왼쪽 어휘를 보고 그 뜻으로 알맞은 것을 골라 선으로 연결하세요.

음식	집 밖에서 돈을 주고 식사하는 것
외식	흐르는 물처럼 여기저기 돌아다니며 생활함
배변	똥오줌을 몸 밖으로 밀어내는 일
유랑 생활	실제로 있었던 일
사실	먹는 것과 마시는 것

2. 다음 뜻을 가진 어휘를 쓰세요.

| 마실 거리 | 먹을 수 있는 물 | 똥오줌 중 큰 것 | 생명체가 활동하며 살아감 | 하는 일마다 늘 |

3. 보기에서 알맞은 한자어를 골라 각 뜻을 나타내는 어휘를 만들어 보세요.

보기 **살 활, 일 사, 똥오줌 변, 마실 음, 먹을 식**

1) 술을 마심 ➡ [   ] + 술 **주**

2) 돈 없이 남이 파는 음식을 먹음 ➡ 없을 **무** + 돈 **전** + 가질 **취** + [   ]

3) 똥오줌을 받아 내는 그릇 ➡ [   ] + 그릇 **기**

4) 살아서 몸을 움직여 행동함 ➡ [   ] + 움직일 **동**

5) 일이 일어나게 된 이유 ➡ [   ] + 뜻 **정**

4. 다음 어휘를 이용해 한 문장 글쓰기를 해 보세요.

식음 전폐

➡ _____

식당

➡ _____

변소

➡ _____

활발

➡ _____

이왕지사

➡ _____

休

뜻 소리

쉴 휴

 추론력 꽉 잡아

한자의 뜻과 그림을 보고 단어의 뜻을 짐작해 보세요.

쉴 휴 + 쉴 식
휴식

쉴 휴 + 날 일
휴일

잇닿을 연 + 쉴 휴
연휴

해 연 + 가운데 중 + 없을 무 + 쉴 휴
연중무휴

★ 쉴 휴(休)는 나무(木)에 기대어 쉬는 사람(人)의 모습을 담고 있습니다.

 쉴 휴(休)가 숨어 있는 단어를 알아봅시다.

휴식
쉴 휴 + 쉴 식

뜻

멈추어서 쉼

표현1 휴식 시간이니 잠깐 앉을까?

표현2 잠깐 휴식을 취하다 잠이 들었다.

휴일
쉴 휴 + 날 일

뜻

일을 쉬는 날

표현1 지난 휴일에는 집에서 가족과 편안히 쉬었다.

표현2 엄마는 휴일마다 늦잠을 잔다.

연휴
잇닿을 연 + 쉴 휴

뜻

휴일이 잇따라 연결됨

표현1 이번 연휴에는 외국으로 여행을 가려고 한다.

표현2 연휴라 고속도로가 많이 막힌다.

연중무휴
해 연 + 가운데 중 + 없을 무 + 쉴 휴

뜻

일 년 내내 쉬는 날이 없음

표현1 우리 가게는 연중무휴다.

표현2 가게 문 앞에 연중무휴라고 쓰여 있었다.

 쉴 휴⒮를 넣어 한 문장 글쓰기를 해 보세요.

휴식 ^{멈추어서 쉼}

휴식 시간에

휴일 ^{일을 쉬는 날}

이번 휴일에

연휴 ^{휴일이 잇따라 연결됨}

연휴에는

연중무휴 ^{일 년 내내 쉬는 날이 없음}

연중무휴로 일하려면

창의력 꽉 잡아 쉴 휴(休)가 들어간 단어를 2개 이상 사용하여 문장을 써 보세요.

예시

백화점은 연중무휴라 연휴에도 영업을 한다.

탐구력 꽉 잡아
1. 단어에 '휴'가 들어간 경우를 책 혹은 주변에서 찾아 빈칸에 써 보세요.
2. 쉴 휴(休)가 사용된 단어에는 ○, 아니면 X를 표시해 보세요.

휴업
(일을 쉼)

제휴
(행동을 함께하기 위해
서로 붙듦)

휴대
(손에 들고 다님)

휴교
(학교가 쉼)

'손으로 붙들어 잡는 것'과 관련된 단어를 골라내 보세요.

心 마음 심

뜻 소리

 추론력 꽉 잡아 한자의 뜻과 그림을 보고 단어의 뜻을 짐작해 보세요.

마음 심 + 몸 신
심신

마음 심 + 어지러울 란
심란

새길 명 + 마음 심
명심

부터 이 + 마음 심 + 전할 전 + 마음 심
이심전심

마침 목말랐는데 어떻게 아셨어요?

★ 마음 심(心)은 사람의 심장을 본뜬 글자입니다.

어휘력 꽉 잡아

마음 심(心)이 숨어 있는 단어를 알아봅시다.

심신
마음 심 + 몸 신

뜻
마음과 몸

표현1 운동을 하면 심신이 맑아진다.

표현2 목욕은 심신을 안정시키는 효과가 있다.

심란
마음 심 + 어지러울 란

뜻
마음이 편하지 못하고 어지러움

표현1 마음이 심란해 쉬지를 못했다.

표현2 방이 지저분하니 심란하구나.

명심
새길 명 + 마음 심

뜻
잊지 않도록 마음에 새김

표현1 아빠 말 명심해야 한다.

표현2 나는 선생님 말씀을 명심하려 노력했다.

이심전심
부터 이 + 마음 심 + 전할 전 + 마음 심

뜻
마음과 마음이 서로 뜻이 통함

표현1 엄마와 나는 이심전심으로 잘 통한다.

표현2 우리는 이심전심이라 친하게 지낸다.

글쓰기 꽉 잡아 마음 심(心)을 넣어 한 문장 글쓰기를 해 보세요.

심신 ^{마음과 몸}

심신이 피로해

심란 ^{마음이 편하지 못하고 어지러움}

심란할 때는

명심 ^{잊지 않도록 마음에 새김}

나의 책임을

이심전심 ^{마음과 마음이 서로 뜻이 통함}

이심전심이라지만

마음 심(心)이 들어간 단어를 2개 이상 사용하여 문장을 써 보세요.

예시

마음이 심란하면 심신이 피로해진다.

_____

1. 단어에 '심'이 들어간 경우를 책 혹은 주변에서 찾아 빈칸에 써 보세요.
2. 마음 심(心)이 사용된 단어에는 ○, 아니면 X를 표시해 보세요.

 **심기** (마음으로 느끼는 기분)

심려 (마음 속으로 걱정함)

 **심야** (깊은 밤) **수심** (물의 깊이)

 '깊이'와 관련된 단어를 골라내 보세요.

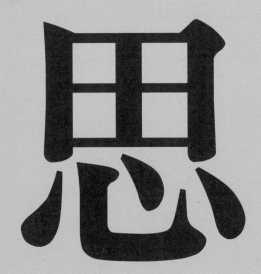

思 생각 사
뜻 소리

추론력 꽉 잡아

한자의 뜻과 그림을 보고 단어의 뜻을 짐작해 보세요.

생각 사 + 찾을 색
사색

뜻 의 + 생각 사
의사

생각 사 + 생각할 고 + 힘 력
사고력

바꿀 역 + 땅 지 + 생각 사 + 그것 지
역지사지

 어휘력 꽉 잡아

생각 사(思)가 숨어 있는 단어를 알아봅시다.

사색

생각 사 + 찾을 색

 뜻

이치를 찾아 깊이 생각함

표현1 엄마는 노을을 보며 사색에 잠겼다.

표현2 형은 삶에 대해 사색 중이라고 했다.

의사

뜻 의 + 생각 사

 뜻

무엇을 하고자 하는 뜻과 마음

표현1 이 문제에 대한 너의 의사는 뭐니?

표현2 자신의 의사를 명확히 밝히는 편이 좋다.

 병원에 있는 의사는 '의원 의 + 스승 사'입니다.

사고력

생각 사 + 생각할 고 + 힘 력

 뜻

생각하고 궁리하는 힘

표현1 그는 사고력이 뛰어나 문제를 잘 해결한다.

표현2 사고력을 키우지 않으면 공부를 잘 할 수 없다.

역지사지

바꿀 역 + 땅 지 + 생각 사 + 그것 지

 뜻

처지를 바꾸어 생각해 봄

표현1 역지사지로 생각하면 상대방을 잘 이해할 수 있다.

표현2 역지사지로 네가 다친 상황에도 그렇게 할 거야?

글쓰기 꽉 잡아

생각 사(思)를 넣어 한 문장 글쓰기를 해 보세요.

사색 이치를 찾아 깊이 생각함

사색을 할 때는

의사 무엇을 하고자 하는 뜻과 마음

의사를 밝히지 않으면

사고력 생각하고 궁리하는 힘

문제가 생기면

역지사지 처지를 바꾸어 생각해 봄

역지사지로

창의력 꽉 잡아

생각 사(思)가 들어간 단어를 2개 이상 사용하여 문장을 써 보세요.

예시

사색을 자주 하면 사고력이 발달한다.

탐구력 꽉 잡아

1. 단어에 '사'가 들어간 경우를 책 혹은 주변에서 찾아 빈칸에 써 보세요.
2. 생각 사(思)가 사용된 단어에는 ○, 아니면 X를 표시해 보세요.

사모
(애틋하게 생각하고 그리워함)

급사
(갑자기 죽음)

사상
(어떤 대상에 대한 구체적인 생각)

사망
(사람이 죽음)

'죽음'과 관련된 단어를 골라내 보세요.

感

뜻   소리
느낄 감

추론력 꽉 잡아

한자의 뜻과 그림을 보고 단어의 뜻을 짐작해 보세요.

느낄 감 + 깨달을 각
감각

느낄 감 + 마음 정
감정

한가지 공 + 느낄 감
공감

느낄 감 + 슬퍼할 개 + 없을 무 + 헤아릴 량
감개무량

네 마음 이해해.

감동

 느낄 감(感)이 숨어 있는 단어를 알아봅시다.

감각
느낄 감 + 깨달을 각

뜻

몸으로 자극을 느끼고 알아차림

표현1　그는 감각이 예민해 섬세하다.

표현2　우리는 감각을 통해서 세상을 이해한다.

감정
느낄 감 + 마음 정

뜻

무언가 느껴서 생긴 마음

표현1　슬픈 감정이 올라와 눈물을 흘렸다.

표현2　감정을 추스르고 겨우 일어났다.

 '누구에게 감정이 있다'는 표현은 누구에게 화가 나 있다는 뜻입니다.

공감
한가지 공 + 느낄 감

뜻

다른 이와 비슷하게 느낌

표현1　그의 글은 많은 이에게 공감을 불러 일으켰다.

표현2　영화에 별로 공감하지 못해 재미가 없었다.

감개무량
느낄 감 + 슬퍼할 개 + 없을 무 + 헤아릴 량

뜻

마음속으로 느끼는 감동이 끝이 없을 정도로 큼

표현1　많은 이들이 나를 반겨 주어 감개무량하였다.

표현2　선생님을 다시 뵈니 감개무량합니다.

느낄 감(感)을 넣어 한 문장 글쓰기를 해 보세요.

감각 몸으로 자극을 느끼고 알아차림

다리에 쥐가 나서 ....

감정 무언가 느껴서 생긴 마음

벅차오르는 감정을 ....

공감 다른 이와 비슷하게 느낌

좋은 친구는 ....

감개무량 마음속으로 느끼는 감동이 끝이 없을 정도로 큼

나는 .... 때 감개무량하다.

'다리에 쥐가 나다'라고 할 때 '쥐'는 경련이 일어나
일시적으로 근육이 수축되는 현상을 말해요.

 **창의력 꽉 잡아** 느낄 감(感)이 들어간 단어를 2개 이상 사용하여 문장을 써 보세요.

나는 그녀의 상황에 공감하여 슬픈 감정을 느꼈다.

 **탐구력 꽉 잡아**

1. 단어에 '감'이 들어간 경우를 책 혹은 주변에서 찾아 빈칸에 써 보세요.
2. 느낄 감(感)이 사용된 단어에는 ○, 아니면 X를 표시해 보세요.

 **감사**
(고마움을 나타내는 인사)

감촉
(피부를 통해 전해지는 느낌)

 **감소**
(양이나 수치가 줄어듦)

감점
(점수가 깎임)

 '덜어내 줄이는 것'과 관련된 단어를 골라내 보세요.

性
성품 성

뜻 소리

추론력 꽉 잡아  한자의 뜻과 그림을 보고 단어의 뜻을 짐작해 보세요.

성품 성 + 바탕 질
성질

날 개 + 성품 성
개성

밥 식 + 성품 성
식성

두 양 + 성품 성 + 평평할 평 + 무리 등
양성평등

★ '성품'은 사람 마음의 특성을 말합니다.

 성품 성(性)이 숨어 있는 단어를 알아봅시다.

성질
성품 성 + 바탕 질

뜻

바탕이 되는 성품
사람, 동물, 사물의 고유한 특성

표현1 그 사람은 성질이 나쁘다.

표현2 물과 불은 성질이 다르다.

개성
낱 개 + 성품 성

뜻

개개인이 가진 고유한 특징(성품)

표현1 사람은 각자 개성을 지니고 있다.

표현2 이 그림은 개성이 전혀 없는데?

식성
밥 식 + 성품 성

뜻

음식에 대해 좋고 싫어하는 마음

표현1 식성이 좋아 무엇이든 잘 먹는다.

표현2 아빠와 엄마는 식성이 많이 다르다.

양성평등
두 양 + 성품 성 + 평평할 평 + 무리 등

뜻

남성과 여성의 권리와 의무에
차별이 없음

표현1 양성평등은 남성, 여성 모두 존중받
아야 한다는 의미이다.

표현2 오늘 학교에서 양성평등 교육을 받
았다.

성품 성(性)을 넣어 한 문장 글쓰기를 해 보세요.

성질 사람, 동물, 사물의 고유한 특성

[   ] 과(와) [   ] 은 성질이 다르다.

개성 개개인이 가진 고유한 특징(성품)

나의 개성은 [   ] (한다)는 것이다.

식성 음식에 대해 좋고 싫어하는 마음

나는 [   ] 식성을 가지고 있다.

양성평등 남성과 여성의 권리와 의무에 차별이 없음

양성평등을 위해 [   ]

창의력 꽉 잡아

성품 성(性)이 들어간 단어를 2개 이상 사용하여 문장을 써 보세요.

예시

그의 **식성**은 매우 **개성** 있다.

탐구력 꽉 잡아

1. 단어에 '성'이 들어간 경우를 책 혹은 주변에서 찾아 빈칸에 써 보세요.
2. 성품 성(性)이 사용된 단어에는 ○, 아니면 X를 표시해 보세요.

성급
(성격이 급하다)

습성
(습관이 되어버린 성질)

반성
(자기 잘못을 돌아보고 살핌)

성찰
(자기 마음을 반성하고 살핌)

'살피다'는 뜻과 관련된 단어를 골라내 보세요.

5주 차 복습

콩나물쌤의 강의를 먼저 듣고 공부를 시작하면 이해가 쏙쏙!

QR 코드를 스캔하면 강의 영상을 볼 수 있어요.

1. 왼쪽 어휘를 보고 그 뜻으로 알맞은 것을 골라 선으로 연결하세요.

휴식 ●

● 마음이 편하지 못하고 어지러움

심란 ●

● 남성과 여성의 권리와 의무에 차별이 없음

사고력 ●

● 마음속으로 느끼는 감동이 끝이 없을 정도로 큼

감개무량 ●

● 멈추어서 쉼

양성평등 ●

● 생각하고 궁리하는 힘

2. 다음 뜻을 가진 어휘를 쓰세요.

일을 쉬는 날	잊지 않도록 마음에 새김	처지를 바꾸어 생각해 봄	몸으로 자극을 느끼고 알아차림	사람, 동물, 사물의 고유한 특성
⬇	⬇	⬇	⬇	⬇

3. 보기에서 알맞은 한자어를 골라 각 뜻을 나타내는 어휘를 만들어 보세요.

보기   생각 **사**, 성품 **성**, 쉴 **휴**, 느낄 **감**, 마음 **심**

1) 휴일이 잇따라 연결됨 ➡ 잇닿을 **연** + ☐

2) 마음과 마음이 서로 뜻이 통함 ➡ 부터 **이** + ☐ + 전할 **전** + 마음 **심**

3) 이치를 찾아 깊이 생각함 ➡ ☐ + 찾을 **색**

4) 무언가 느껴서 생긴 마음 ➡ ☐ + 마음 **정**

5) 개개인이 가진 고유한 특징(성품) ➡ 낱 **개** + ☐

4. 다음 어휘를 이용해 한 문장 글쓰기를 해 보세요.

연중무휴

➡ _____

심신

➡ _____

의사

➡ _____

공감

➡ _____

식성

➡ _____

情

뜻 소리
뜻 정

추론력 꽉 잡아

한자의 뜻과 그림을 보고 단어의 뜻을 짐작해 보세요.

뜻 정 + 느낄 감
정감

뜻 정 + 실마리 서
정서

찰 냉 + 뜻 정
냉정

사람 인 + 어조사 지 + 떳떳할 상 + 뜻 정
인지상정

★ 뜻 정(情)의 뜻은 주로 마음 혹은 사랑을 의미합니다.

어휘력 꽉 잡아

뜻 정(情)이 숨어 있는 단어를 알아봅시다.

정감
뜻 정 + 느낄 감

뜻

따뜻한 뜻(마음)이 느껴짐

표현1 그녀의 말투에는 정감이 있다.

표현2 가족과 함께 정감을 나누었다.

정서
뜻 정 + 실마리 서

뜻

사람의 마음에 일어나는
여러 가지 감정

표현1 정서가 안정적이어야 행복하다.

표현2 게임을 너무 많이 한 탓인지 정서가
메말랐다.

냉정
찰 냉 + 뜻 정

뜻

차가운 마음
생각이 감정에 치우치지 않음

표현1 그는 냉정하게 거절했다.

표현2 얼마 후 엄마는 냉정을 되찾고 차분
히 말했다.

인지상정
사람 인 + 어조사 지 + 떳떳할 상 + 뜻 정

뜻

사람이면 누구나 가지는
보통의 마음

표현1 불쌍한 사람을 돕는 것은 인지상정
이다.

표현2 맛있는 것을 먹고 싶은 것은 인지상
정이다.

 뜻 정(情)을 넣어 한 문장 글쓰기를 해 보세요.

정감 따뜻한 뜻(마음)이 느껴짐

정감 어린 목소리로 ┄┄┄┄┄┄┄┄┄┄┄┄┄┄┄┄┄┄

정서 사람의 마음에 일어나는 여러 가지 감정

편안한 정서를 가지려면 ┄┄┄┄┄┄┄┄┄┄┄┄┄┄┄┄

냉정 생각이 감정에 치우치지 않음

사람이 너무 냉정하면 ┄┄┄┄┄┄┄┄┄┄┄┄┄┄┄┄

인지상정 사람이면 누구나 가지는 보통의 마음

┄┄┄┄┄┄┄┄┄┄┄┄┄┄┄┄┄┄┄ 은 인지상정이다.

창의력 꽉 잡아

뜻 정(情)이 들어간 단어를 2개 이상 사용하여 문장을 써 보세요.

예시

그녀는 너무 냉정하게 말해서 정감이 없다.

___

탐구력 꽉 잡아

1. 단어에 '정'이 들어간 경우를 책 혹은 주변에서 찾아 빈칸에 써 보세요.
2. 뜻 정(情)이 사용된 단어에는 ○, 아니면 X를 표시해 보세요.

모정
(자식에 대한 엄마의 정)

결정
(태도를 분명히 정함)

단정
(딱 잘라서 결정함)

정열
(맹렬하고 적극적인 감정)

'정하는 것'과 관련된 단어를 골라내 보세요.

意

뜻 소리
뜻 의

 추론력 꽉 잡아

한자의 뜻과 그림을 보고 단어의 뜻을 짐작해 보세요.

뜻 의 + 볼 견
의견

뜻 의 + 하고자 할 욕
의욕

한가지 동 + 뜻 의
동의

뜻 의 + 맛 미 + 깊을 심 + 길 장
의미심장

★ 뜻 의(意)의 뜻은 주로 무언가를 하겠다고 먹은 마음을 의미합니다.

뜻 의(意)가 숨어 있는 단어를 알아봅시다.

의견
뜻 의 + 볼 견

뜻

어떤 일에 대한 뜻과 보는 방식
어떤 일에 대해 가지는 생각

표현1　사람들은 서로 의견이 다르다.

표현2　아이들은 공기놀이를 하기로 의견을
　　　　모았다.

의욕
뜻 의 + 하고자 할 욕

뜻

무언가를 하고자 하는 마음(뜻)

표현1　의욕을 가지고 시합에 참여했다.

표현2　의욕적으로 삶을 살아야 행복하다.

동의
한가지 동 + 뜻 의

뜻

뜻이 같음

표현1　아이들은 놀이동산에 가는 데 모두
　　　　동의했다.

표현2　부모의 동의 없이 아이들은 일을 할
　　　　수 없다.

의미심장
뜻 의 + 맛 미 + 깊을 심 + 길 장

뜻

의미가 매우 깊다.

표현1　아빠는 의미심장한 눈빛으로 나지막
　　　　이 말했다.

표현2　그녀의 말은 의미심장하게 들렸다.

글쓰기 꽉 잡아

뜻 의(意)를 넣어 한 문장 글쓰기를 해 보세요.

의견 어떤 일에 대해 가지는 생각

의견이 다를 때는 ┈┈┈┈┈┈┈┈┈┈┈┈┈┈┈┈┈┈┈┈┈┈

의욕 무언가를 하고자 하는 마음(뜻)

의욕이 없어서 ┈┈┈┈┈┈┈┈┈┈┈┈┈┈┈┈┈┈┈┈┈┈

동의 뜻이 같음

┈┈┈┈┈┈┈┈┈┈┈┈┈┈┈┈┈┈┈┈┈ 말에 동의할 수 없어.

의미심장 의미가 매우 깊다.

의미심장한 ┈┈┈┈┈┈┈┈┈┈┈┈┈┈┈┈┈┈┈┈┈┈

 동의하지 않으면 아닐 부(不)를 붙여 '부동의'라고 합니다.

145

창의력 꽉 잡아

뜻 의(意)가 들어간 단어를 2개 이상 사용하여 문장을 써 보세요.

예시

의미심장한 그의 말에 모두의 의욕이 불타올랐다.

탐구력 꽉 잡아

1. 단어에 '의'가 들어간 경우를 책 혹은 주변에서 찾아 빈칸에 써 보세요.
2. 뜻 의(意)가 사용된 단어에는 ○, 아니면 X를 표시해 보세요.

의도
(어떻게 하고자 하는 계획)

의지
(무엇을 이루고자 하는 마음)

의복
(사람이 입는 옷)

우의
(비 올 때 입는 옷)

'옷'과 관련된 단어를 골라내 보세요.

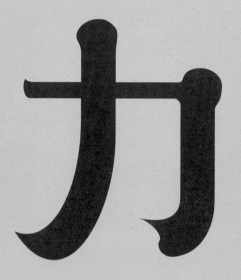

力

뜻   소리
힘 력

추론력 꽉 잡아

한자의 뜻과 그림을 보고 단어의 뜻을 짐작해 보세요.

나라 국 + 힘 력
국력

강할 강 + 힘 력
강력

사나울 폭 + 힘 력
폭력

아닐 불 + 가능 가 + 겨룰 항 + 힘 력
불가항력

 힘 력(力)이 숨어 있는 단어를 알아봅시다.

국력
나라 국 + 힘 력

뜻
한 나라의 힘

표현 1 국력이 약하면 다른 나라에 나라를 빼앗길 수 있다.

표현 2 국력을 튼튼하게 하려면 교육에 힘 써야 한다.

강력
강할 강 + 힘 력

뜻
강한 힘

표현 1 그 문제에 강력하게 항의했다.

표현 2 1반은 강력한 줄다리기 우승 후보다.

 국력은 정치, 경제, 문화, 군사 등 모든 방면에서의 힘을 말해요.

폭력
사나울 폭 + 힘 력

뜻
사납고 난폭한 힘

표현 1 폭력은 어떤 경우에도 사용해서는 안 된다.

표현 2 언어 폭력도 폭력이다.

불가항력
아닐 불 + 가능 가 + 겨룰 항 + 힘 력

뜻
사람의 힘으로는 겨뤄 볼 수 없는 힘

표현 1 태풍은 불가항력이다.

표현 2 불가항력의 자연재해로 많은 사람이 다쳤다.

 **글쓰기 꽉 잡아**

힘 력(力)을 넣어 한 문장 글쓰기를 해 보세요.

국력 ^{한 나라의 힘}

전쟁에서 이기려면 ....

강력 ^{강한 힘}

강력한 반대로 ....

폭력 ^{사납고 난폭한 힘}

폭력을 당했을 때는 ....

불가항력 ^{사람의 힘으로는 겨뤄 볼 수 없는 힘}

불가항력에 맞서 보지만 ....

창의력 꽉 잡아

힘 력(力)이 들어간 단어를 2개 이상 사용하여 문장을 써 보세요.

예시

강력한 국력은 똑똑한 국민에게서 나온다.

탐구력 꽉 잡아

1. 단어에 '력'이 들어간 경우를 책 혹은 주변에서 찾아 빈칸에 써 보세요.
2. 힘 력(力)이 사용된 단어에는 ○, 아니면 X를 표시해 보세요.

역도
(무거운 물건을 드는 운동)

역전
(형세가 뒤집힘)

무력
(군사적인 힘)

역습
(거꾸로 공격함)

'력'은 단어의 맨 앞에 올 때는 '역'으로 쓰입니다.
'거꾸로 거스른다는 의미'와 관련된 단어를 골라내 보세요.

便

뜻 소리
편할 편

추론력
꽉 잡아

한자의 뜻과 그림을 보고 단어의 뜻을 짐작해 보세요.

편할 편 + 이로울 리
편리

아닐 불 + 편할 편
불편

편할 편 + 마땅 의 + 가게 점
편의점

좇을 종 + 편할 편 + 할 위 + 그것 지
종편위지

★ 99쪽에서 배운 '똥오줌 변'과 같은 한자입니다.

 편할 편(便)이 숨어 있는 단어를 알아봅시다.

편리
편할 편 + 이로울 리

뜻

편하고 이로움

표현1 지하철이 있어 참 편리하다.

표현2 학생들의 편리를 위해 식수대를 설치했다.

불편
아닐 불 + 편할 편

뜻

편하지 않음

표현1 화장실이 멀어서 불편했다.

표현2 교통이 불편해 오기 힘들다.

편의점
편할 편 + 마땅 의 + 가게 점

뜻

고객의 편리와 편의를 고려한 가게

표현1 편의점에 가서 과자를 샀다.

표현2 편의점은 24시간 문을 연다.

종편위지
좇을 종 + 편할 편 + 할 위 + 그것 지

뜻

편함을 좇아감
편한 대로 일을 처리함

표현1 그는 매사 종편위지한다.

표현2 종편위지로 공부하면 언젠가는 실패한다.

 생각이나 목표를 따라가는 것을 '좇다'라고 합니다.

 **글쓰기 꽉 잡아** 편할 편(便)을 넣어 한 문장 글쓰기를 해 보세요.

편리 _{편하고 이로움}

공항이

불편 _{편하지 않음}

불편한 자세로

편의점 _{고객의 편리와 편의를 고려한 가게}

편의점에 갔더니

종편위지 _{편한 대로 일을 처리함}

성공하려면

창의력 꽉 잡아

편할 편(便)이 들어간 단어를 2개 이상 사용하여 문장을 써 보세요.

예시

편의점은 24시간 열어서 편리하다.

_____

탐구력 꽉 잡아

1. 단어에 '편'이 들어간 경우를 책 혹은 주변에서 찾아 빈칸에 써 보세요.
2. 편할 편(便)이 사용된 단어에는 ○, 아니면 X를 표시해 보세요.

편지
(소식을 알리는 글)

하편
(상, 하를 나눈 책의 끝 편)

장편
(길고 복잡한 소설)

편법
(원칙을 벗어난 방법)

'책'과 관련된 단어를 골라내 보세요.

主

뜻 주인 소리 주

한자의 뜻과 그림을 보고 단어의 뜻을 짐작해 보세요.

주인 주 + 사람 인
주인

주인 주 + 베풀 장
주장

주인 주 + 밥 식
주식

백성 민 + 주인 주 + 주인 주 + 옳을 의
민주주의

 주인 주(主)가 숨어 있는 단어를 알아봅시다.

주인
주인 주 + 사람 인

뜻

집이나 물건을 소유한 사람

표현1 가게에는 주인이 없었다.

표현2 폰을 주워 주인에게 돌려주었다.

주장
주인 주 + 베풀 장

뜻

자기 생각의 주인이 되어
의견을 내세움

표현1 용돈을 올려 달라고 엄마에게 주장
했다.

표현2 주장을 하려면 근거를 잘 뒷받침해
야 한다.

주식
주인 주 + 밥 식

뜻

밥, 빵과 같이 끼니에 주로 먹는 음식

표현1 한국인의 주식은 쌀밥이다.

표현2 서양인의 주식은 고기와 빵이다.

민주주의
백성 민 + 주인 주 + 주인 주 + 옳을 의

뜻

백성이 나라의 주인이라는 생각

표현1 우리나라는 민주주의 국가다.

표현2 민주주의의 반대말은 독재주의다.

 민주주의에서 '주의'는 어떤 주장, 생각,
믿음을 뜻합니다.

 주인 주(主)를 넣어 한 문장 글쓰기를 해 보세요.

주인 집이나 물건을 소유한 사람

주인이 없는 집에는

주장 자기 생각의 주인이 되어 의견을 내세움

그의 주장은

주식 밥, 빵과 같이 끼니에 주로 먹는 음식

우리 집 강아지의 주식은

민주주의 백성이 나라의 주인이라는 생각

민주주의 국가에서는

창의력 꽉 잡아 주인 주(主)가 들어간 단어를 2개 이상 사용하여 문장을 써 보세요.

예시

민주주의 국가에서는 국민이 주인이다.

탐구력 꽉 잡아 1. 단어에 '주'가 들어간 경우를 책 혹은 주변에서 찾아 빈칸에 써 보세요.
2. 주인 주(主)가 사용된 단어에는 ○, 아니면 X를 표시해 보세요.

주도 (주인의 자세로 이끎)

자주 (자기 일을 스스로 처리함)

주소 (살고 있는 장소)   **거주** (일정한 곳에 머물러 삶)

'사는 곳'과 관련된 단어를 골라내 보세요.

6주 차 복습

콩나물쌤의 강의를 먼저 듣고 공부를 시작하면 이해가 쏙쏙!

QR 코드를 스캔하면 강의 영상을 볼 수 있어요.

1. 왼쪽 어휘를 보고 그 뜻으로 알맞은 것을 골라 선으로 연결하세요.

정감 •   • 집이나 물건을 소유한 사람

의욕 •   • 따뜻한 뜻(마음)이 느껴짐

폭력 •   • 무언가를 하고자 하는 마음(뜻)

종편위지 •   • 사납고 난폭한 힘

주인 •   • 편한 대로 일을 처리함

2. 다음 뜻을 가진 어휘를 쓰세요.

사람의 마음에 일어나는 여러 가지 감정	뜻이 같음	사람의 힘으로는 겨뤄 볼 수 없는 힘	편하고 이로움	자기 생각의 주인이 되어 의견을 내세움
⬇	⬇	⬇	⬇	⬇

3. 보기에서 알맞은 한자어를 골라 각 뜻을 나타내는 어휘를 만들어 보세요.

보기

나라 **국**, 주인 **주**, 뜻 **정**, 편할 **편**, 뜻 **의**

1) 차가운 마음 ➡ 찰 **냉** + [　　　　]

2) 의미가 매우 깊다. ➡ [　　　　] + 맛 **미** + 깊을 **심** + 길 **장**

3) 한 나라의 힘 ➡ [　　　　] + 힘 **력**

4) 편하지 않음 ➡ 아닐 **불** + [　　　　]

5) 밥, 빵과 같이 끼니에 주로 먹는 음식 ➡ [　　　　] + 밥 **식**

4. 다음 어휘를 이용해 한 문장 글쓰기를 해 보세요.

인지상정

➡ _____

의견

➡ _____

강력

➡ _____

편의점

➡ _____

민주주의

➡ _____

정답

1주 차 복습

1. 왼쪽 어휘를 보고 그 뜻으로 알맞은 것을 골라 선으로 연결하세요.

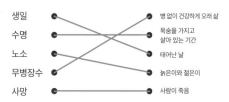

생일 ●　　　● 병 없이 건강하게 오래 삶
수명 ●　　　● 목숨을 가지고 살아 있는 기간
노소 ●　　　● 태어난 날
무병장수 ●　　　● 늙은이와 젊은이
사망 ●　　　● 사람이 죽음

2. 다음 뜻을 가진 어휘를 쓰세요.

1) 생모
2) 운명
3) 생로병사
4) 병명
5) 사력

3. 보기에서 알맞은 한자어를 골라 각 뜻을 나타내는 어휘를 만들어 보세요.

1) 날 생
2) 목숨 명
3) 늙을 로
4) 병 병
5) 죽을 사

4. 다음 어휘를 이용해 한 문장 글쓰기를 해 보세요.

(예시)
1) 견물생심, 욕심을 내다 보면 가난해지기 쉽다.
2) 학교에서 생명 보호 캠페인을 했다.
3) 누구나 늙으면 노년을 맞게 된다.
4) 표현을 잘하면 화병에 걸리지 않는다.
5) 생사고락을 함께하면 친구가 된다.

2주 차 복습

1. 왼쪽 어휘를 보고 그 뜻으로 알맞은 것을 골라 선으로 연결하세요.

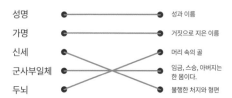

성명 ●　　　● 성과 이름
가명 ●　　　● 거짓으로 지은 이름
신세 ●　　　● 머리 속의 골
군사부일체 ●　　　● 임금, 스승, 아버지는 한 몸이다.
두뇌 ●　　　● 불행한 처지와 형편

2. 다음 뜻을 가진 어휘를 쓰세요.

1) 성씨
2) 명언
3) 수신제가
4) 체력
5) 두통

3. 보기에서 알맞은 한자어를 골라 각 뜻을 나타내는 어휘를 만들어 보세요.

1) 성씨 성
2) 이름 명
3) 몸 신
4) 몸 체
5) 머리 두

4. 다음 어휘를 이용해 한 문장 글쓰기를 해 보세요.

(예시)
1) 그 친구와는 동성동본이다.
2) 나는 내 별명을 좋아한다.
3) 삼촌은 신장이 작아도 당당하다.
4) 체육을 잘해서 운동선수가 되고 싶다.
5) 철두철미하게 준비해야 한다.

3주 차 복습

1. 왼쪽 어휘를 보고 그 뜻으로 알맞은 것을 골라 선으로 연결하세요.

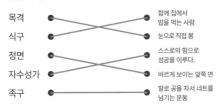

목격   함께 집에서 밥을 먹는 사람

식구   눈으로 직접 봄

정면   스스로의 힘으로 성공을 이루다.

자수성가   바르게 보이는 앞쪽 면

족구   발로 공을 차서 네트를 넘기는 운동

2. 다음 뜻을 가진 어휘를 쓰세요.

1) 맹목적
2) 입구
3) 생면부지
4) 수건
5) 족쇄

3. 보기에서 알맞은 한자어를 골라 각 뜻을 나타내는 어휘를 만들어 보세요.

1) 눈 목
2) 입 구
3) 얼굴 면
4) 손 수
5) 발 족

4. 다음 어휘를 이용해 한 문장 글쓰기를 해 보세요.

(예시)
1) 괄목상대할 만큼 발전하여 놀랐다.
2) 구호를 외친다고 다 되는 건 아니다.
3) 가면을 쓰고 나쁜 짓을 해서는 안 된다.
4) 잔인한 수법의 범죄가 일어났다.
5) 그들의 피해는 조족지혈이다.

4주 차 복습

1. 왼쪽 어휘를 보고 그 뜻으로 알맞은 것을 골라 선으로 연결하세요.

음식   집 밖에서 돈을 주고 식사하는 것

외식   흐르는 물처럼 여기저기 돌아다니며 생활함

배변   똥오줌을 몸 밖으로 밀어내는 일

유랑 생활   실제로 있었던 일

사실   먹는 것과 마시는 것

2. 다음 뜻을 가진 어휘를 쓰세요.

1) 음료
2) 식수
3) 대변
4) 생활
5) 매사

3. 보기에서 알맞은 한자어를 골라 각 뜻을 나타내는 어휘를 만들어 보세요.

1) 마실 음
2) 먹을 식
3) 똥오줌 변
4) 살 활
5) 일 사

4. 다음 어휘를 이용해 한 문장 글쓰기를 해 보세요.

(예시)
1) 식음을 전폐해 몸이 나빠졌다.
2) 식당에 불이 났다.
3) 변소는 깨끗해야 한다.
4) 활발하게 움직이려면 힘이 있어야 한다.
5) 이왕지사 만났으니 의논을 해봅시다.

5주 차 복습

1. 왼쪽 어휘를 보고 그 뜻으로 알맞은 것을 골라 선으로 연결하세요.

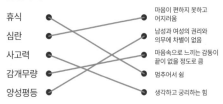

휴식
심란
사고력
감개무량
양성평등

마음이 편하지 못하고 어지러움
남성과 여성의 권리와 의무에 차별이 없음
마음속으로 느끼는 감동이 끝이 없을 정도로 큼
멈추어서 쉼
생각하고 궁리하는 힘

2. 다음 뜻을 가진 어휘를 쓰세요.

1) 휴일
2) 명심
3) 역지사지
4) 감각
5) 성질

3. 보기에서 알맞은 한자어를 골라 각 뜻을 나타내는 어휘를 만들어 보세요.

1) 쉴 휴
2) 마음 심
3) 생각 사
4) 느낄 감
5) 성품 성

4. 다음 어휘를 이용해 한 문장 글쓰기를 해 보세요.

(예시)
1) 그 병원은 연중무휴이다.
2) 심신이 지쳐 그만 쉬고 싶다.
3) 당신의 의사를 분명히 밝히세요.
4) 그 이야기는 공감이 되어서 재미있다.
5) 식성이 좋은 사람은 복이 있다.

6주 차 복습

1. 왼쪽 어휘를 보고 그 뜻으로 알맞은 것을 골라 선으로 연결하세요.

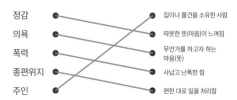

정감
의욕
폭력
종편위지
주인

집이나 물건을 소유한 사람
따뜻한 뜻(마음)이 느껴짐
무언가를 하고자 하는 마음(뜻)
사납고 난폭한 힘
편한 대로 일을 처리함

2. 다음 뜻을 가진 어휘를 쓰세요.

1) 정서
2) 동의
3) 불가항력
4) 편리
5) 주장

3. 보기에서 알맞은 한자어를 골라 각 뜻을 나타내는 어휘를 만들어 보세요.

1) 뜻 정
2) 뜻 의
3) 나라 국
4) 편할 편
5) 주인 주

4. 다음 어휘를 이용해 한 문장 글쓰기를 해 보세요.

(예시)
1) 잠을 못 자면 다 귀찮은 건 인지상정!
2) 네 의견을 말해 볼래?
3) 강력한 군대가 있어야 전쟁을 피할 수 있다.
4) 형은 편의점에서 아르바이트를 한다.
5) 소중한 민주주의를 지켜야 한다.